Rudolf Jaeger / Karsten Ted Aschenbrandt

Faszination
Grillen

Rudolf Jaeger / Karsten Ted Aschenbrandt

Faszination
Grillen

FRANZIS

Bibliografische Information der Deutschen Bibliothek

Die Deutsche Bibliothek verzeichnet diese Publikation in der Deutschen Nationalbibliografie;
detaillierte Daten sind im Internet über http://dnb.ddb.de abrufbar.

Lektorat: Markus Bauer
Satz & Layout: Monika Daimer
art & design: www.ideehoch2.de
Druck: Himmer AG, Augsburg
Printed in Germany

ISBN 978-3-645-60013-2

FASZINATION

GRILLEN

GRILLEN

Englisch „to grill", Französisch „griller", Lateinisch „craticulum" für „Flechtwerk, kleiner Rost" – Grillen ist seit je her die ursprünglichste Art, Lebensmittel zu garen. Schon lange bevor es Töpfe und Pfanne gab, bereiteten die Menschen ihre Mahlzeiten am offenen Feuer zu. Diese faszinierende Methode hat sich bis in die heutige Zeit erhalten.

Ob es das kommunikative Beisammensein, die Ergänzung der heimischen Küche, der Umgang mit dem Element Feuer oder einfach die Beschäftigung mit verschiedenen Grills und Zubehörteilen ist – Grillen ist weit mehr als nur Nahrungszubereitung. Es ist ein facettenreiches Betätigungsfeld, in dem man wahrscheinlich nie zur Vollendung reift, da es immer wieder etwas Neues zu entdecken gibt.

Die Defintion von Grillen

T-Bone Steak, mit einem schönen Branding veredelt und auf den Punkt gegrillt.

Das eigentliche „Grillen" beschreibt das Garen durch Strahlungshitze, das heißt Kontakthitze und Konvektion spielen eher eine untergeordnete Rolle.

Als Hitzequelle dienen hier Holzfeuer, Glutbett, Gasflammen oder elektrische Heizschleifen. Das typische Grillaroma entsteht bei allen genannten Arten durch die sogenannte Maillard-Reaktion, die Bildung von Röststoffen an der Oberfläche. Diese chemische Reaktion, benannt nach dem französischen Chemiker Louis Camille Maillard, entsteht, wenn Aminosäuren und reduzierende Zucker wie Glucose und Maltose in neue aromatische Verbindungen umgewandelt werden. Die Fachwelt spricht hier von einer nicht-enzymatischen Bräunungsreaktion. Ab ca. 120 °C Oberflächentemperatur steigen Bräunungsgrad und Aromenbildung rapide an, was schnell zu einem Verkohlen der Speisen führen kann. Verbranntes Grillgut war also zu lange der Maillard-Reaktion ausgesetzt. Um kontrollierte Röstaromen zu erhalten, wird das Grillgut neben oder über einer Hitzequelle von Grillrost oder Spieß gehalten und durch Drehen oder Wenden gleichmäßig gegart.

Allerdings steht die Definition für „Grillen" heute für eine ganze Reihe Ableger, die so unterschiedlich wie die Gerichte sind, die man mit ihnen zaubern kann.

Einen wichtigen Teil nimmt hier das aus den USA stammende BBQ ein. Die Temperatur wird hier abgesenkt und die Garzeit verlängert. Durch diese schonende und langsame Garmethode zerlegt sich das Bindegewebe im Fleisch und selbst „Ungrillbares" wird zart und saftig.

Die Gretchenfrage: Gas oder Kohle?

Die am häufigsten gestellte Frage, wenn es um das eigentliche Grillen geht, lautet: „Was ist besser, Gas oder Kohle?"

Die einzig richtige Antwort darauf lautet. „Beides!"

Beim Gasgrill wird über heißer Luft gegrillt, bei Kohle mithilfe von Infrarotstrahlung, ähnlich der der Sonne. Ausnahme sind hier die Infrarotbrenner. Sie wandeln die Gasenergie ebenfalls in Infrarothitze um und sind immer häufiger in Gasgrills zu finden. Und das aus gutem Grund: Sie sind schneller auf Betriebstemperatur und energieeffizienter als herkömmliche Gasbrenner, die mit Flammen arbeiten.

Holzkohle in Aktion.

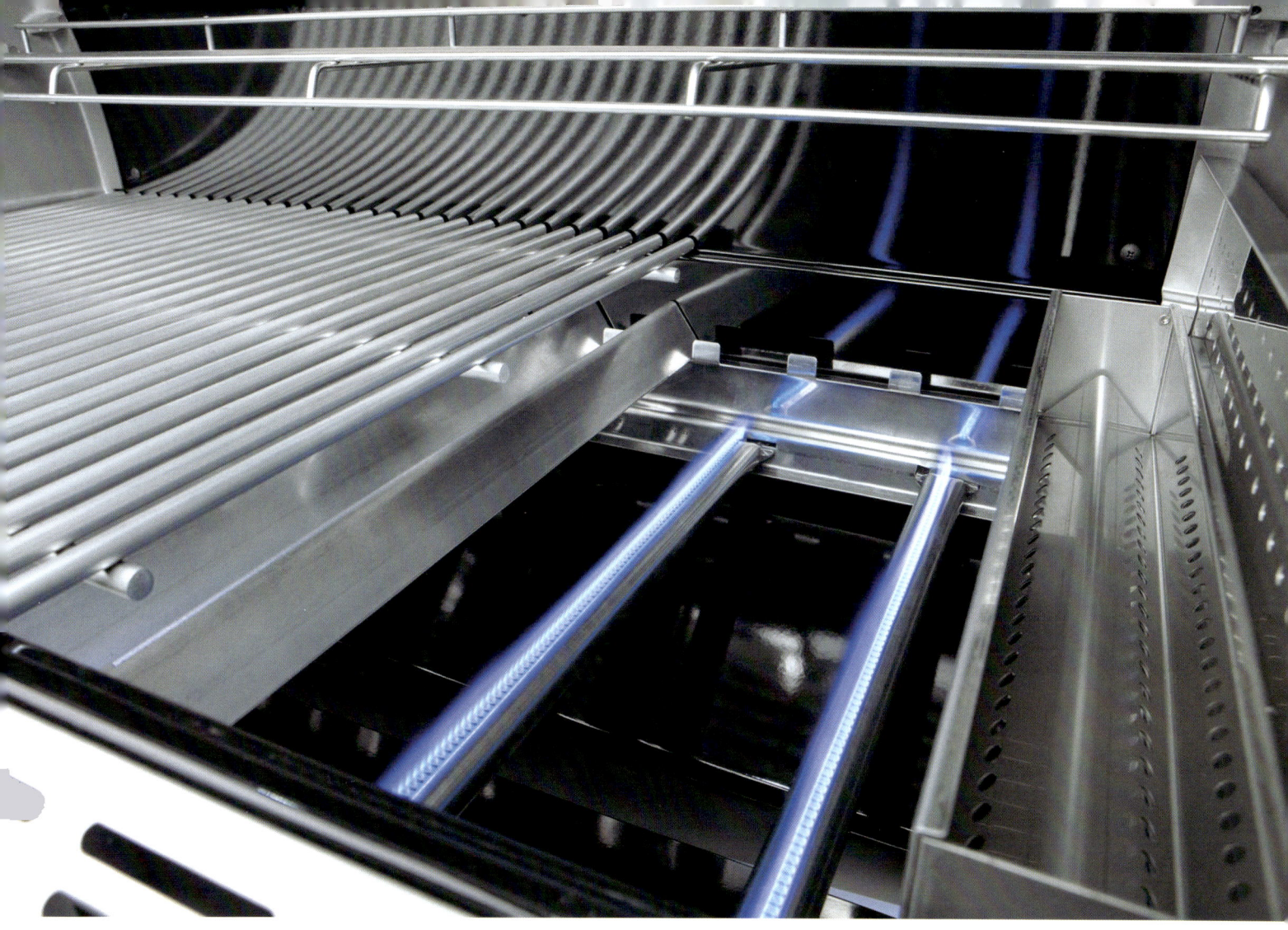

Ein Blick ins Innere eines typischen Gasgrills zeigt die Edelstahlbrenner und ihre Abdeckungen. Die Box rechts sorgt für Rauchgeschmack.

Die richtige Anwendung vorausgesetzt, ist geschmacklich kein Unterschied festzustellen. Das wurde in unzähligen Tests unter Beweis gestellt. Ist dennoch ein klarer Unterschied schmeckbar, wurde falsch gegrillt. Der, in diesem Fall falsch gedeutete, „besondere Grillgeschmack" resultiert lediglich aus verbrannten Fetten, Fleischsäften und Marinadenresten, die sich als schädlicher Rauch auf den Grilladen niederschlagen. Beim korrekten Umgang mit Kohlegrills ist das

aber nicht zu befürchten und es schmeckt nach dem, was auf dem Rost liegt –und nicht darunter, nämlich der Kohle.

Jede der beiden Grillarten hat seine Vor- und Nachteile. Gasgrills sind einfacher zu zünden und schneller auf Temperatur, Kohle bietet das Ritual, Feuer zu machen, und ist urtümlicher. Gas ist präzise und einfach zu regeln – beim Kohlegrillen lockt die Herausforderung, das Feuer zu beherrschen.

Durch Regelventile ist eine exakte, aufs Grad genaue Hitzesteuerung möglich.

Gas ist nicht gleich Gas. Hier wurden Infrarotbrenner neben Edelstahlbrennern in einem Grill verbaut.

Low and Slow

Was in der Küche zurzeit immer populärer wird, ist in der Grill- und Barbecuewelt schon lange fester Bestandteil: das Niedrigtemperaturver- fahren, sinngemäß im Englischen „low and slow", also „tief und langsam".

Ein Smoker, der Grill schlechthin für Low and Slow – authentischer Pitmaster inklusive.

Diese Variante des BBQ kommt hauptsächlich in Smokern zum Einsatz. Mit dem richtigen Setup ist es allerdings auch kein Problem, ein sogenanntes „long distance BBQ" in einem herkömmlichen Grill durchzuführen.

Wichtigste Voraussetzungen hierfür sind ein Deckel für einen geschlossenen Garraum und die Möglichkeit, darin Temperaturen von 100-120° C konstant zu halten.

Selbst Rinderbrust (Brisket) wird über Stunden bei 110 °C butterzart.

Glasierte Ribs im Rauch, kurz vor Ende der Garzeit.

Das Geheimnis von low and slow verbirgt sich darin, Bindegewebe und Sehnen in Kollagen umzuwandeln, das sich wiederum verflüssigt und das Fleisch zart und saftig werden lässt. Das Bindegewebe hält die Muskelfasern zusammen und gibt dem Fleisch Stabilität. Wird ihm diese genommen, wird es mürbe und sogar Braten-stücke und Teile, die sonst nur zum Schmoren geeignet sind, werden weich und sehr gut kau-bar. Wenn man diese Kunst beherrscht, lässt sich das Fleisch rückstandslos vom Knochen lösen. Für solche Ribs gibt es daher die ameri-kanische BBQ-Bezeichnung „fall off the bone".

Direkt oder indirekt?

Die bekanntesten Grillvarianten sind direktes oder indirektes Grillen. Die Hitzequelle, meist Kohle oder Gas, befindet sich dabei unterhalb von Rost und Grillgut.

Beim direkten Grillen liegt die Hitzequelle tatsächlich direkt unter den Grillagen und gibt die volle Energie nach oben ab. Vorteil ist die große Hitze, die z. B. für ein perfektes Branding auf einem Steak nötig ist. Der Nachteil ist, dass Marinadenreste, Säfte und Fett in die Glut oder auf die Brennerabdeckungen tropfen und dort verbrennen können.

Direktes Grillen auf einem Gussrost im Holzkohlegrill.

Direkte Hitze wirkt bei diesen Gaskugelgrills auf die oben liegende Griddleplatte.

Mit einer Tropfschale zwischen den Kohlekörben können beim indirekten Grillen die Bratensäfte aufgefangen werden und der Grill bleibt sauber.

Beim indirekten Grillen werden die Kohlen seitlich unter dem Grillgut platziert. Entsprechend sind bei Gasgrills die Brenner geregelt. Flüssigkeiten können also nicht auf Glut und Brenner tropfen und lassen sich sogar in einer Schale

auffangen. So kann man sie als Basis für eine Soße verwenden.

Braten, große Fische – im Prinzip alles, was länger als ca. 20 Minuten braucht – sollten indirekt gegrillt werden, um gleichmäßig garen zu können.

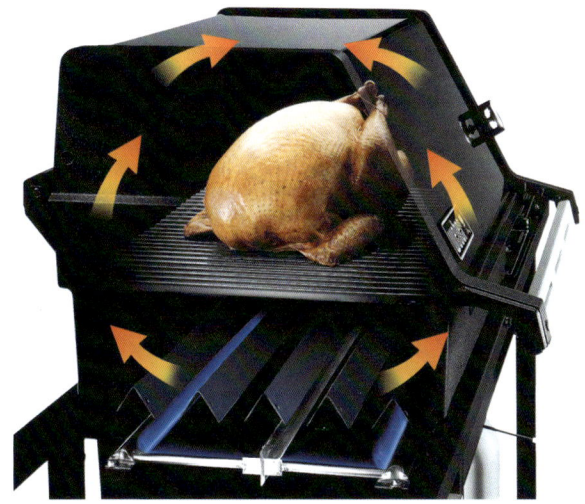

Indirektes Grillen im klassischen Gasgrill – der Brenner unter dem Grillgut ist ausgeschaltet.

Durch die indirekte Wirkung des Rear- oder Backburners wird der Grill zum Umluftofen.

Grillen mit Deckel

Beim herkömmlichen Grillen über, unter oder neben einer Hitzequelle sind die Temperaturen zwar hoch genug, um das Grillgut zu garen, es geht aber eine große Menge Energie verloren. Durch einen Deckel auf dem Grill wird dies verhindert. Man könnte es mit dem Backen bei offener Backofentür vergleichen. Der Deckel bewahrt die heiße Luft und damit die Temperatur im Garraum und umgibt das Grillgut mit zirkulierender Hitze, was den Grill effektiver und vielseitiger macht.

Ein Schließen des Grills ist für große Braten, Niedrigtemperaturverfahren und alles, was analog im Backofen gemacht werden kann unerlässlich. Tatsächlich ist es kein Problem, Brot, Pizza, Kuchen etc. mit dem richtigen Grillgerät zu backen. Der Deckel reflektiert dann die Hitze und sorgt so für eine gleichmäßige Rundumgarung.

Ein typischer Weber-Holzkohle-Kugelgrill

Spezielle Grills, die Smoker, würden ohne Deckel gar nicht funktionieren, da zum einen der Kaminzugeffekt ausbliebe und zum anderen der Rauch nicht kontrolliert genutzt werden könnte. Der Deckel dient also nicht nur dem Regenschutz, sondern macht den Grill um einiges vielseitiger.

Ein Klassiker: Beer Butt Chicken, die amerikanische Variante des Grillhähnchens, bei geschlossenem Deckel gegrillt.

ENERGIE-QUELLEN

Am Anfang war das Feuer. Als die Menschen es zu beherrschen wussten, entstanden in kurzer Zeit verschiedene Möglichkeiten der Nahrungszubereitung.

Die moderne Technik, vermischt mit den alten Traditionen, macht es heute möglich, eine Vielzahl verschiedener Anwendungen zu nutzen. Durch ausgefeilte Konstruktionen ist es mittlerweile ein Kinderspiel, die Temperatur von Holz- und Kohlefeuer aufs Grad genau zu regeln. Gute Gasgrills lassen sich über moderne Brennersysteme präzise steuern und elektrische Heizschleifen regulieren sich über Thermostate praktisch von selbst.

Ob einfach und praktisch oder aufwendig und arbeitsintensiv – beim Grillen sind alle Art Varianten der Hitzenutzung vertreten. Gerade das macht seine Vielseitigkeit und seinen Reiz aus.

Gas

Gasgrills werden meist mit Butan- oder Propangas betrieben. In den meisten Fällen werden die Gasgrills aus Flaschen gespeist, die entweder neben dem Grill stehen oder in einem Unterschrank verstaut werden können. Alternativ gibt es erdgasbetriebene Gasgrills im Handel. Diese setzen zwar einen Gasanschluss mit Gassteckdose voraus, aber dafür wird niemals während des Grillens das Gas ausgehen.

Die Inbetriebnahme eines Gasgrills ist wie die eines Gasherds: Ein Brenner mit vielen kleinen Flammen wird durch einen elektrischen Funken gezündet. Ausströmendes brennendes Gas erhitzt die Umgebungsluft, die nun nach oben steigt und Grillen, Braten oder Kochen ermöglicht. Verglichen mit einem Holzkohlegrill ist ein Gasgrill also einfacher und schneller betriebsbereit. Das erklärt den schnellen Vormarsch von Gasgrills im Handel.

Bei vielen Gasgrills lässt sich die Flasche unauffällig im Unterschrank verstauen.

Im Knopf der elektronischen Zündung verbirgt sich die Batterie für den Zündfunken.

Brenner müssen nicht immer gerade sein. Auch ringförmige Brenner sind weit verbreitet.

Moderne hochwertige Gasgrills verfügen heute über wirkungsvolle Fettablaufsysteme. Fette, Öle und Marinadenreste werden über Schienen und Trichter in Wannen geleitet und können so leicht entsorgt werden. Spezielle Winkelbleche sorgen dabei dafür, dass die Brenner abgedeckt und vor herabtropfenden Flüssigkeiten geschützt sind. Treffen Tropfen auf eine dieser Schienen, verdampfen Aromen und geben dem Gargut einen leckeren Beigeschmack. Auch Räuchern und Spießgrillen ist mit einem guten Gasgrill mit entsprechendem Zubehör kein Problem mehr.

Holz, Holzkohle und Briketts

Es gibt nichts Ursprünglicheres, als mit einem Holzfeuer zu grillen. Es ist das Ritual des Feuermachens, seine knisternde Wärme beim Abbrennen und die flackernde Romantik – wie die eines offenen Kamins.

Bis auf den Schwenkgrill, bei dem die Steaks traditionell „durch die Flamme gehen" müssen, wird ein offenes Feuer beim Grillen meist neben dem Grillgut abgebrannt. Bestes Beispiel dafür ist der Spanferkel- oder Spießgrill. Holzscheite brennen in einer Art Käfig hochkant ab, Fett und Fleischsäfte tropfen in eine Wanne und nicht ins Feuer.

Heiß wie ein Schmiedefeuer: eine perfekte Glut.

Smoker Sidefirebox optimal befeuert.

Eine andere typische Holzfeuervariante ist der Smoker. Ein Feuer brennt in der Brennkammer, der Sidefirebox (SFB), und die entstehende heiße Luft wird in die Garkammer (Pit) geleitet. Durch Kamin und Zuluftklappen lässt sich hier die Temperatur exakt einregeln.

Nur noch wenige kennen das Kochen mit Holz in der Küche. Beim klassischen Barbecue ist Holz unabdingbar. Hier entscheiden die Holzsorte und ihr Zustand über das Grillergebnis. Dass das Holz frei von Farben, Lacken, Chemikalien ist und immer trocken gelagert wurde, ist die Voraussetzung für ein erstklassiges Grillerlebnis.

BIRKE UND EICHE

Diese in Europa leicht zu beschaffenden Hölzer sind für das Barbecue sehr gut geeignet. Die Brenntemperatur von Birkenholz ist ähnlich wie die von Buchenholz, jedoch niedriger als

die von Eichenholz. Birkenholz gibt Fisch und Fleischgerichten einen feinen, unaufdringlichen Rauchgeschmack. Eichenholz gibt eine wesentlich höhere Hitze ab, ist aber fast geschmacksneutral.

BUCHENHOLZ

Als Brennmaterial hat sich gut getrocknetes Buchenholz als Universalholz für alle Grillgerichte bestens bewährt. Es hat einen guten Heizwert, brennt sauber ohne Harz, Öle oder Gerbstoffe

Die trockenen handgespaltenen Allgäuer Buchenscheite warten auf ihre Bestimmung.

ab und ist zudem relativ erschwinglich. Nadelhölzer eignen sich nur zum Anzünden, da sie schneller verbrennen und der Qualm das Gargut negativ beeinflusst.

WILDKIRSCHE

Eine Empfehlung unter Grillern ist die Wildkirsche aus Mitteleuropa. In freier Natur wachsend und unbehandelt, ist die Wildkirsche optimal für Geflügel, Schwein oder Fisch, die durch sie ein feines Aroma erhalten.

WALNUSS

Mehrjährig gelagertes trockenes Walnussholz ist ideal für dunkle Fleischsorten wie Wild, Bison oder Rind. Die Holzstücke werden auf eine Länge von ca. 30-35 cm gesägt und klein gespalten.

HOLZKOHLE

Holzkohle wird aus Holz hergestellt, das unter Sauerstoffentzug bei 275 °C verkohlt wird. Dabei erhitzt es sich von selbst auf bis zu 400 °C und zerlegt sich in seine Bestandteile – übrig bleibt Holzkohle. Diese brennt heißer als Holz und flammenlos ab, wobei die Hitzekurve schnell ansteigt und auch relativ schnell wieder fällt.

BRIKETTS

Beständiger sind Briketts. Diese werden aus Kohlenstoff und Stärke zu einer kissenartigen Form gepresst und haben eine höhere Masse und somit auch ein höheres Gewicht als Holzkohle. Je nach verwendeter Zutatenmischung weisen Grillbriketts erhebliche Qualitätsunterschiede auf. Ein gutes Brikett sollte 3-4 Stunden die Temperatur halten und gleichmäßig und geruchsfrei abbrennen.

Selbst nach Stunden geben Briketts noch immer Hitze ab.

Heat-Beads-Briketts, gleichmäßig mit weißer Asche überzogen und bereit zum Grillen

Strom

Beim Einsatz eines Elektrogrills kann es in der Regel sofort losgehen. Die Zeit der Vorbereitung ist minimal und anders als mit Gas- oder Holzkohlegrills kann auch indoor gegrillt werden. Da hier keine offene Flamme oder Glut das Grillgeschehen begleitet, sind Brand- und Verletzungsgefahr gering. Die Reinigung der Elektrogeräte geht schnell und einfach von der Hand und eine Rauchbelästigung der Nachbarn wird vermieden. Der Nachteil eines Elektrogrills liegt in der Abhängigkeit von Strom. Auch wird sich das „Grillfeeling" in Grenzen halten und der Geschmack z. B. eines schönen Steaks nicht an den eines Steaks von einem Holzkohlegrill heranreichen. Viele Grills, obwohl mit Gas oder Holzkohle befeuert, benötigen einen Stromanschluss – die Rotisserie will bewegt werden, und das erfolgt in der Regel elektrisch.

GLUT
herstellen

Zündhölzer – die wohl schönste Art, ein Feuer anzuzünden.

Zündmittel

Der Handel bietet verschiedene Zündmittel, um Kohle anzuzünden. Die großen Hauptgruppen bilden hier die flüssigen und die festen Anzünder.

Ein flüssiger oder besser gelförmiger Anzünder sollte zwingend über ein TÜV-Prüfzeichen verfügen und nicht flüchtig sein. Nur dann lässt er sich sicher über der Kohle verteilen und kann bedenkenlos angesteckt werden. Der Vorteil ist, dass man keine Kohlehaufen bilden muss und der Anzünder sich leicht verteilen lässt.

Feste Anzünder gibt es aus unterschiedlichen Materialien, meist in Form kleiner Würfel, wachsgetränkter Holzwolleknäuel, Stangen oder Riegel.

Bei der Verwendung von festen Anzündhilfen werden die Kohlen aufgeschichtet, die Anzünder hineingesteckt und entzündet. Anschließend wird die glühende Holzkohle verteilt oder, je nach Einsatz, in Form gebracht.

Wichtig auch hier: Vom TÜV geprüfte Anzünder sind bei dieser Methode Pflicht, denn sie sind lebensmittelecht und ihre eventuellen Rückstände ungiftig.

Etwas teurer in der Anschaffung, aber immer wieder verwendbar sind elektrische Anzündstäbe. Sie funktionieren wie ein Tauchsieder und werden unter die Kohlen geschoben. Dort beginnen sie durch elektrischen Strom zu glühen und entzünden so die Kohlen. Man ist hier immer vom Stromnetz abhängig, deshalb ist diese Methode für unterwegs eher ungeeignet.

Ferner gibt es Gasbrenner und Heißluftgebläse. Seit einigen Jahren sind auch Dosen erhältlich, die mit einem brennbaren Gas gefüllt sind und wie ein Bunsenbrenner funktionieren. Ein aufsteckbares langes Metallrohr sorgt für den nötigen Abstand zur Flamme.

Die Heißluftgebläse sorgen neben der Hitze, die sie erzeugen, auch noch für reichlich Luftzufuhr. Ähnlich wie bei einem Blasebalg wird der Zündvorgang dadurch beschleunigt. Man ist allerdings auch auf eine Steckdose in der Nähe angewiesen.

Wachsgetränkte
Holzbällchen-
anzünder im Einsatz

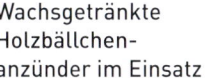

Anzündkamine

Das sicherste, einfachste und zunehmend bekannter werdende Hilfsmittel zum Grillen ist der sogenannte *Anzündkamin*, ein zylindrischer Behälter, der die Kohle durch seine Konstruktion zum Glühen bringt.

Die gewünschte Menge Kohle wird in den Anzündkamin auf einen kleinen Rost gegeben, unter dem sich eine Brennkammer befindet. Auf eine feuerfeste Oberfläche, hier bietet sich der Grillrost an, werden 2-3 feste Anzünder gelegt und entzündet. Dann wird der Kamin daraufgestellt. Die heiße Flamme der Anzünder entfacht die unteren Kohlen, die wiederum die darüberliegenden entzünden usw.

Anzündkamin nach ca. 30 Minuten Brenndauer.

Beim Einschütten der durchgeglühten Briketts sollte man immer Grillhandschuhe tragen.

Ein Anzündkamin im Querschnitt

Nach 30 bis 40 Minuten ist die Kohle komplett durchgeglüht und kann zum Grillen verwendet werden.

Ein guter Anzündkamin hat hitzeisolierte Griffe und muss sicher zu handhaben sein. Die glühende Kohle hat im Inneren über 1.000 °C und

ein Gewicht von ca. 3 kg. Da sind feste und stabile Griffe eine Grundvoraussetzung.

Die physikalische Funktionsweise eines Anzündkamins ist schnell erklärt:

Warme Luft steigt auf und zieht nach oben ab. Dadurch entsteht ein Unterdruck, der durch ein

Glühende Briketts.

Nachströmen von Luft ausgeglichen wird. Diese Frischluft enthält jedoch mehr Sauerstoff, der das Feuer weiter anfacht. Dadurch steigt die Temperatur im Anzündkamin und mehr Luft wird erwärmt und steigt auf.

Gasbetriebener Anzündkamin, der ein fast rauchfreies Anzünden der Briketts ermöglicht.

Aus Holz wird Glut

Anfeuern für ein Glutbett in der Sidefirebox eines Smokers.

Scheitweises Nachlegen der Holzscheite sorgt für die richtige Temperatur im Smoker.

Holzkohle-Glutbett für direktes Grillen

Es ist durchaus möglich, selbst ein Glutbett aus Holz herzustellen. Diese Methode findet allerdings eher bei Smokern oder Holzbacköfen Verwendung.

Bei Smokern wird in der Sidefirebox erst mit einem Feuer eine Grundhitze erreicht und dann, auf dem entstandenen Glutbett, langsam und Scheit für Scheit sparsam nachgefeuert.

Die Königsdisziplin: Glut herstellen

Will man auf Kohle grillen, ist das Geheimnis des Erfolgs ein heißes und sauberes Glutbett. Wichtigste Regel beim Bilden einer perfekten Glut ist, der Kohle genug Zeit zu geben, um durchzuglühen. Den richtigen Zeitpunkt dafür erkennt man an einer gleichmäßigen Ascheschicht, die die gesamte Kohle bedecken sollte. Nicht selten ist die Glut durch Ungeduld erst nach dem Grillen am besten.

Um Kohlen zum Glühen zu bringen, bedarf es einer Grundhitze von ca. 600 °C, die mit einem Streichholz oder Feuerzeug allein nicht zu erreichen ist. Deshalb gibt es verschiedene Hilfsmittel und sinnvolles Zubehör, die den Zündvorgang enorm vereinfachen und vor allem sicher machen. Wie er auch ohne Anzündkamin, z. B. mit Paraffinwürfeln, funktioniert zeigen die folgenden sechs Bilder.

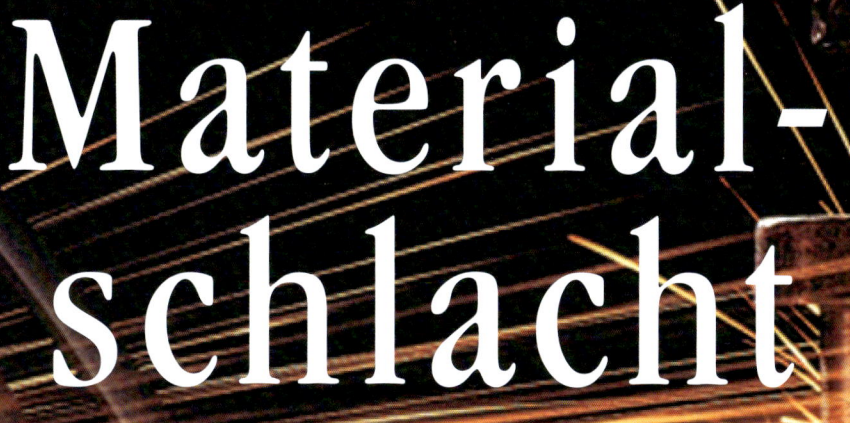

Material-
schlacht
am Grill

So unendlich groß die Vielfalt an Grills ist,
so groß ist auch die Auswahl an Materialien,
die in diesem Bereich Anwendung finden.
Jeder Werkstoff hat seine vorteilhaften
Eigenarten, die man sich zunutze machen
kann.
Masse, Korrosionsbeständigkeit, Hitzespeicherung und -leitfähigkeit, die Optik und
natürlich der Preis spielen hier eine Rolle.
Alles hat seine Vor- und Nachteile, die es
gegeneinander abzuwägen gilt.

Gusseisen

Gusseisen ist, wie der Name schon ahnen lässt, „gegossener Stahl". Durch den hohen Kohlestoffgehalt ist Gusseisen relativ spröde und sollte daher mit Sorgfalt behandelt werden. Gusseisen hat die Eigenschaft, Hitze sehr gut zu speichern, und ist daher ideal für Grillroste und Grillplatten, für sog. Griddles, geeignet. Gusseisen bildet mit fortgeschrittenem Alter und häufiger Benutzung eine Patina auf der Oberfläche. Diese wirkt wie eine Schutzschicht, die die Oberfläche versiegelt und Lebensmittel nicht mehr anhaften lässt. Voraussetzung dafür ist allerdings der Verzicht auf Spülmittel oder Seife, da diese die Patina immer wieder entfernen würden. Rohes Gusseisen rostet an der Luft. Es sollte daher immer mit einer dünnen Schicht aus Pflanzenöl eingerieben aufbewahrt werden.

Gusseisenherstellung

Edelstahl

Als Edelstahl werden Stähle mit einem besonderen Grad an Reinheit bezeichnet. Es gibt viele verschiedene Sorten und Legierungen von Edelstahl, in Bezug auf das Grillen ist damit landläufig „rostfrei" gemeint.

Grills aus Edelstahl sind absolut wetterfest und extrem belastbar. Außerdem wird von vielen Grillern die edle Optik geschätzt. Ein weiterer Vorteil ist die Reinigung, bei der man keine Schutzschichten verletzen kann, da es keine gibt. Das heißt, man ist in der Lage, auch z. B. harte Verschmutzungen von Grillrosten aus Edelstahl mit Werkzeugen wie Drahtbürsten zu entfernen. Deshalb bieten manche Hersteller Aufrüstungen aus Edelstahl an.

Der klare Nachteil von Edelstahl: Er läuft bei großer Hitze blau an. Deshalb sind Edelstahldeckel guter Grills stets doppelwandig. Die Luftschicht zwischen den Deckeln wirkt dann isolierend, wodurch die Außenhaut silbrig bleibt.

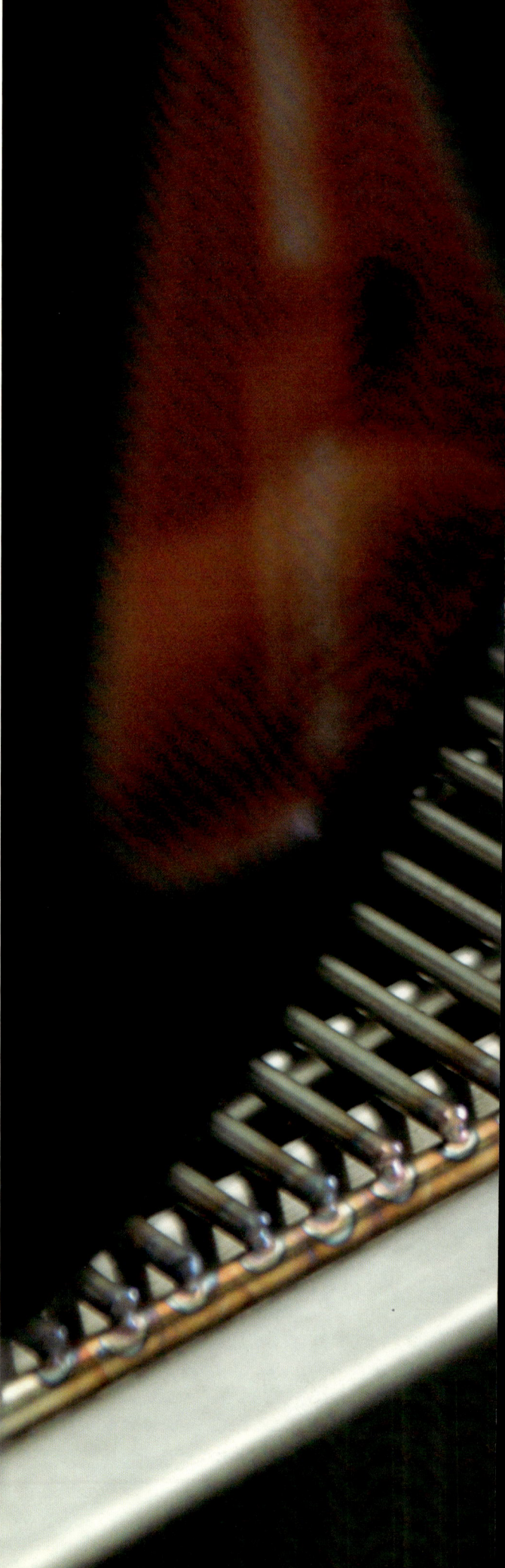

Edelstahlschweißarbeiten in höchster Präzision.

Stahl

Stahl findet in fast allen Bereichen des Grillens Verwendung, ist aber wegen seiner Korrosionsanfälligkeit meist mit einer Schutzschicht überzogen. So sind die meisten Grillroste aus Stahl verchromt, andere Teile lackiert, emailliert, gestrichen oder mit einer dünnen Kunststoffschicht überzogen.

Ausnahme sind hier die Innenflächen von Smokern. Der Smoker wird langsam bei ca. 140 °C eingebrannt. Ruß, Holzgase und Kondensate bilden so im Inneren eine natürliche Patina.

Mit dem ersten Einfeuern zieht zudem die feuerfeste Farbe (die äußere Schutzschicht des Smokers) von außen in den Stahl ein. Dadurch wird er zusätzlich gegen Wettereinflüsse von außen geschützt.

Der große Vorteil von Stahl ist das Verhältnis von Preis zu Masse. Man ist so in der Lage, einen Grill zu bauen, der über hohe Hitzespeicherung verfügt. Trotzdem ist er relativ einfach zu konstruieren und sein Rohmaterial ist erschwinglich.

Blechbearbeitungsmaschine zur Herstellung von Kugelgrlls.

Emaille

Das Wort **Emaille** kommt aus dem Französischen „émail" und bedeutet so viel wie „Schmelz".

Eine Masse aus verschiedenen Oxiden und Chemikalien wird durch Tauchen oder Spritzen auf das Trägermaterial aufgebracht. Dieses wird vorher durch Ausglühen, Ätzen und Waschen gereinigt und von Rückständen befreit. Die dickflüssige Masse wird dann in mehreren Schichten bei 800 bis 900 °C eingebrannt und ist so fest mit dem Träger verbunden.

Emaille ist absolut wetterfest und durch seine hohe Härte extrem widerstandsfähig.

Da die Emailleschicht nicht so elastisch wie das Trägermaterial ist, sollte man auf ein Biegen und Verdrehen verzichten, da sie sonst reißen und absplittern kann.

Beim Grillen kommt Emaille meist bei Grillrosten und der Oberflächenveredelung von großen Teilen wie Kugelgrillkesseln und Deckeln von Gasgrills zum Tragen.

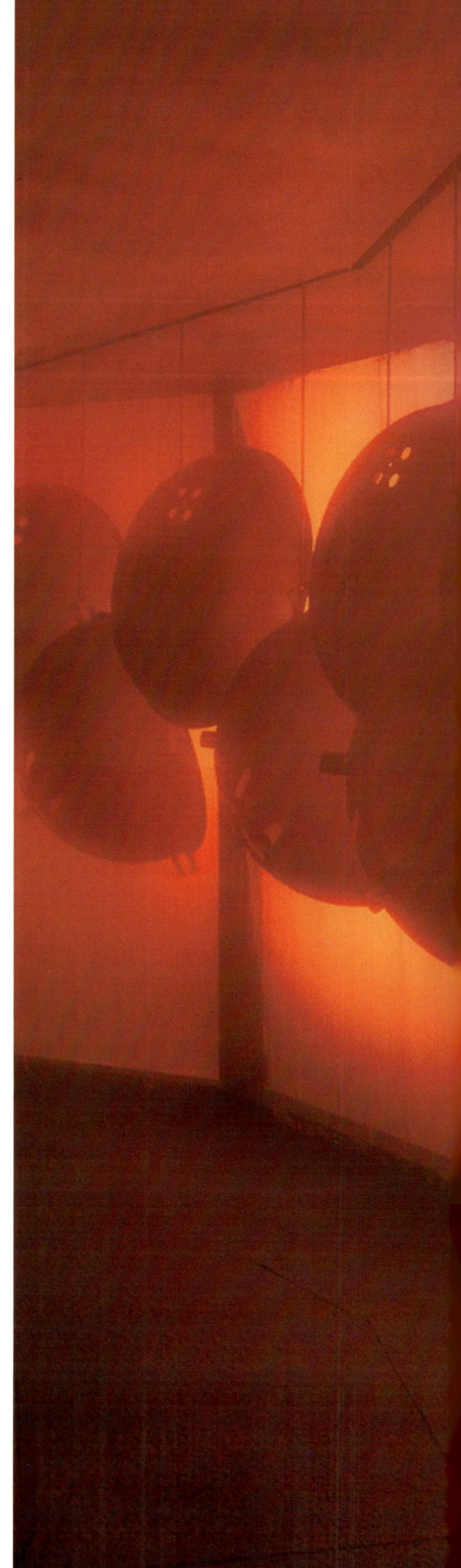

Einbrennen der Emailleschicht auf den Stahlkörper.

KONTAKT-
stellen

Außer beim Spießgrillen – hier führt der Spieß mitten durch das Grillgut und hält es sicher – braucht man zwischen Hitzequelle und Nahrungsmittel eine Auflagefläche. Metallene Grillroste bilden die Hauptgruppe, wobei es auch bei ihnen große und entscheidende Unterschiede gibt.

Holz, Stein und unterschiedliche Zubehörteile machen moderne Grills erst zur flexiblen Outdoorküche und werten sie als multifunktionales Küchengeräte auf.

Frische Kohlen unter massiven gusseisernen Rosten: eine gute Kombination.

Roste

Grillrost ist gleich Grillrost? Weit gefehlt! Unterschiedliche Materialien und Bauarten beeinflussen das Grillergebnis erheblich. Sie wirken sich auch auf die Langlebigkeit, Robustheit und Reinigung aus. Der wichtigste Aspekt für einen guten Grillrost ist die Masse. Ein schwerer, massiver Grillrost macht schönere Grillmarkierungen, Brandings genannt, als ein dünner und filigraner verchromter Stahlrost. Genau die Brandings sind die erwünschten Röststoffe, die dem Grillgut den typischen Grillgeschmack geben. Der Rost speichert die Hitze und gibt sie an das Gargut ab, statt sich dessen Temperatur anzupassen. Bei einer größeren Menge Fleisch ist das von Vorteil, denn durch die Hitzespeicherung steigt die Garraumtemperatur nach dem Öffnen des Grills schneller wieder an.

Jeder Rost hat seine Vorteile. Chromroste sind preiswert, Emailleroste einfach zu reinigen, Edelstahlroste unzerstörbar und Gusseisenroste machen die schönsten Brandings auf Steaks.

Perfekte Brandings auf diesem Steak – das Auge isst schließlich mit.

Schwarze Emailleroste auf einem Gaskugelgrill.

Klappgrillrost aus verchromtem Stahl; durch die seitlichen Klappen kann jederzeit Kohle nachgefüllt werden.

Stahlrost mit Ständer, um direkt über Kohle zu grillen – urtümlicher geht's kaum noch.

Pizza- und Brotbacksteine

Steine sind mittlerweile ein verbreitetes, von vielen Herstellern vermarktetes Zubehör, das den Grill zum Pizza- oder Steinofen macht.

Es handelt sich hier im besten Fall um Kunststein, da dieser die hohen Temperaturschwankungen mitmacht, ohne zu reißen oder zu platzen. Von Granitsteinen ist klar abzuraten, da sie mit einer solchen Wucht zerplatzen können, dass es einer Explosion gleicht. Früher gab es Pizzasteine aus Speckstein, einem Naturstein,

der für Öfen verwendet wird. Er erwies sich aber als nicht sehr dauerhaft.

Letzten Endes hat sich der gegossene Kunststein durchgesetzt, nicht nur weil er dieselben Backeigenschaften wie Naturstein besitzt, sondern weil er auch preislich eine Alternative ist.

Pizza- und Brotbacksteine müssen gut vorgeheizt werden und sind dann in der Lage, durch ihre Oberflächenbeschaffenheit einen Teig auszubacken, ohne dass er anbrennt.

Runder Kunststein aus Corderit mit Transportblech, das als Pizzaschieber dient.

Eckiger Speckstein, von der Form her ideal für eckige Gasgrills.

Mit diesen Haltegriffen lässt sich der Stein samt Pizza leicht tragen.

Das Geheimnis einer Pizza „wie beim Italiener" ist die hohe Garraumtemperatur, die man im Backofen nicht erzielt – im Grill aber durchaus. Nach nur 6 Minuten ist eine Pizza im Grill fertig, ein Flammkuchen nach 4 Minuten. Durch die Masse des Steins bleibt die Hitze im Grill und man kann fortlaufend backen.

Am Bräunungsgrad des Käses erkennt man gut, wann die Pizza fertig ist –
an der Form muss aber noch gearbeitet werden.

Griddle- und Stahlplatten

Manche Lebensmittel, die man nicht zwingend mit einem Grill in Verbindung setzt, können erst mit der Verwendung von Grillplatten, den sogenannten Griddles, darauf zubereitet werden. Diese meist aus Gusseisen oder Edelstahl gefertigten schweren und massiven Platten werden entweder auf den Grillrost gelegt oder ersetzen ihn.

Ihr Gewicht und die hohe Masse puffern die Temperatur ab, die im Grill meist punktuell erzeugt wird, und verteilen die Hitze auf die gesamte Fläche.

Spiegel- und Rühreier zum Frühstück, Pfannkuchen zum Dessert und klein geschnittenes Gemüse sind damit kein Problem mehr und erweitern die Möglichkeiten des Grills um ein Vielfaches.

Ein weiterer Vorteil ist das Auffangen und Sammeln von Fett und somit das Ausschließen unerwünschten Fettbrands bei extrem fetthaltigen Lebensmitteln. Zusätzlich wird dabei gleichzeitig die Rauchbildung minimiert. Bei geriffelter Oberfläche bekommt man sogar noch ein schönes Grillmuster auf die Speisen. Mit einer Griddle mit erhöhtem Rand ist es sogar möglich, im Grill zu frittieren oder in Fett auszubacken.

Doppelseitige Gusseisen-Wendeplatte: eine Seite glatt und die andere geriffelt.

Der Klassiker schlechthin für das Garen auf einer Edelstahlplatte ist das aus Japan stammende Teppanyaki. Der Begriff, zusammengesetzt aus den Bestandteilen teppan für Stahlplatte und der Verbform yaki, (von yaku = braten) bezeichnet Speisen, die auf einer heißen Platte direkt am Tisch zubereitet werden. Das geschieht nicht selten durch einen messer- und spachtelschwingenden Koch, der die heißen Lebensmittel dabei gekonnt durch die Luft wirbelt.

Runde Gussplatte mit Haltegriffen auf dem Trichter eines Gaskugelgrills.

...se Griddle liegt in einem ...ziellen Einsatz im Kugelgrill.

Planken

Eine sehr einfache und trotzdem ungewöhnliche Art des Grillens ist das Garen von Lebensmitteln auf Holzplanken. Dabei wird eine Planke, also ein Holzbrett in entsprechender Größe, als Erstes einige Stunden gewässert. Hat das Holz sich voll gesogen, kommt es auf einen Grill mit direkter hoher Hitze, bis es leicht zu qualmen beginnt. Jetzt wechselt man zur indi-

rekten Hitze und legt das Grillgut auf die heiße Planke.

Durch die glühende Planke bekommt das Grillgut einen etwas rauchigen Beigeschmack und kann, ohne dass man es wendet, schonend und sicher gegart werden. Als hervorragend geeignete Hölzer für das „Planking" haben sich Zeder, Buche oder Obsthölzer fest etabliert. Tanne,

Ganze Lachsseite auf einer Buchenplanke gegrillt; die Seite im Vordergrund war zu dicht an der Sidefirebox.

Oberseite einer etwa 2 cm starken Planke, die schon häufiger in Gebrauch war ...

... wie gut an der verkohlten Unterseite zu erkennen ist. Trotzdem kann diese Planke noch einige Male verwendet werden.

Zedernholzplanken sorgen für ein angenehmes Aroma, ohne dem Grillgut einen harzigen Geschmack zu geben.

Fichte und ähnliches Nadelgehölz sind wegen des hohen Harzgehalts nicht geeignet. Zeder bildet hier die Ausnahme. Eiche kann durch die im Holz enthaltenen Gerbsäuren Bitterstoffe bilden, die sich auf den Lebensmitteln absetzen.

Nach Gebrauch wird die Planke auf der Oberseite wie ein Schneidebrett abgewaschen und kann dann wiederverwendet werden. Bei richtiger Handhabung hat eine ca. 2 cm dicke Buchenplanke eine Lebensdauer von etwa 7-10 Einsätzen auf dem Grill.

Wok, Topf und Pfanne

Viele Grillhersteller bieten sogenanntes System-zubehör für ihre Grills an. Hier findet sich oft ein weiterer Klassiker der asiatischen Küche: der Wok.

Anders als bei herkömmlichen Pfannen und Töpfen hat der Wok keinen Übergang zwischen Boden und Seitenwand, sondern ist durchge-hend gewölbt. Man spricht hier von einer Kugel-kappe, also dem abgeschnittenen Teil einer hohlen Kugel.

Der Vorteil dabei sind unterschiedlich heiße Garzonen, da der Wok in der Mitte stark und punktuell erhitzt wird, zu den Rändern hin je-doch immer kälter wird. So kann man z. B. in der Mitte scharf anbraten und anschließend weiter außen fertiggaren.

Ebenfalls als Zubehör erhältlich sind diverse Pfannen und Formen, in denen man einfach einen Auflauf, eine Paella oder Gratins zuberei-ten kann. Natürlich sollten Töpfe und Pfannen keine Holzgriffe haben, aber es ist nahezu jede Form und Art aus Ganzmetall erhältlich.

Alles in allem machen diese Zubehörteile den Grill noch flexibler und man ist in der Lage, ein komplettes Menü inklusive der Beilagen auf dem Grill zuzubereiten.

Diese Kastanienpfanne wird direkt in Feuer oder Glut gehalten, um Maronen zu rösten.

Gusseisenkasserolle auf Stahlrost über einem offenen Feuer im Wohnzimmerkamin – eine echte Alternative zum Fernsehprogramm.

Gusseiserne Pfanne mit hohem Rand auf einem Gaskugelgrill, der in „Vulkanstellung" gebracht wurde.

Dieser gusseiserne Wok transportiert die Hitze besonders gut und muss deshalb nur punktuell erhitzt werden.

Edelstahl-Wok in einem Holzkohlekugelgrill; die Öffnungen am Rand verhindern einen Hitzestau im Kessel.

Davor und danach

Mit den verschiedenen verwendeten Grillmethoden und -geräten variieren auch die
Einstellungen und Vorbereitungen. Ebenso
wichtig und ausschlaggebend für den Erfolg
sind natürlich auch die Art des Grillguts,
die Grilltemperatur und der erwünschte Zustand der fertigen Speisen. Stimmt man diese Faktoren aufeinander ab, ist man leicht
in der Lage, ein optimales Grill-Ergebnis zu
erreichen.

Geschlossenes Zuluftventil eines Watersmokers.

Vor dem Grillen

Einen Punkt haben alle Grills gemeinsam: Sie müssen entsprechend der erwünschten Gartemperatur vorgeheizt werden. Dies erfolgt, bevor die Speisen ins Spiel kommen, und, soweit vorhanden, bei geschlossenem Deckel. Auch wenn es durch das Öffnen des Deckels und beim Arbeiten am Grillgut immer zu einem Temperatur-

abfall kommt, ist sichergestellt, dass die Hitze nach kurzer Zeit wieder auf die voreingestellte Höhe steigt. Eine konstante Garraumtemperatur wird bei Kohlegrills durch die Stellung der Lüfter-, bei Gasgrills mithilfe der Regelventile eingestellt und richtet sich immer nach Grilltyp, Außentemperatur und Wetterlage. Regen und

Wind nehmen durchaus Einfluss und kühlen den Grill ab.

Die Länge der Vorheizzeit richtet sich zum einen nach Bauart und Leistung des Grills. Zum anderen spielt die Masse, die auf Temperatur zu bringen ist, eine erhebliche Rolle. Je mehr zu erhitzende Masse vorliegt, desto mehr Vorheizzeit braucht der Grill. Hat der Grill Platten oder Roste aus dickem Gusseisen oder Edelstahl oder verwenden Sie Pizzasteine oder ähnlich schweres Zubehör, verlängert sich die Vorheizzeit entsprechend.

Bei Keramikgrills, Holzbacköfen und Smokern dient die Vorheizzeit nicht dazu, das Innenleben der Geräte, sondern den Grill an sich zu erhitzen. Bei z. B. einem Smoker von 400 kg Gewicht kann es durchaus ein bis zwei Stunden dauern, bis er mit einer stabilen Betriebstemperatur läuft.

Grillt man direkt z. B. auf einem dünneren Rost – ob verchromt, emailliert oder aus Edelstahl spielt dabei keine Rolle – und ohne Deckel, ist man schon wenige Minuten nach dem Einfüllen der glühenden Kohle oder dem Zünden der Gasflammen grillbereit.

Offene Sidefirebox eines Offsetsmokers beim Einheizen.

Planken oder Woodchips müssen, bevor sie in den Grill oder in die Kohlen kommen, mindestens 3 Stunden gewässert werden. Chips können, vorausgesetzt sie sind ausreichend groß, auch ungewässert in die Kohlen gelegt werden. Sind sie zu klein zerspant, fangen sie im trockenen Zustand sofort Feuer und verbrennen, bevor sie Rauch entwickeln können.

Wenn man Grillgut hat, das wie Rindersteaks oder Fisch „à la minute" gegrillt wird, empfiehlt es sich, schon vorher das entsprechende Werkzeug bereitzulegen. Es ist ärgerlich, wenn feiner Fisch verbrennt, weil der Grillmeister erst noch nach dem passenden Wender suchen muss, um ihn zu drehen.

Generell ist es ratsam, rechtzeitig für genug Brennstoff oder Gas zu sorgen, einen Eimer Sand oder einen Feuerlöscher in der Nähe zu haben und Ablageflächen bereitzustellen.

Fischwender

Woodchunks, groß genug, um nicht gewässert werden zu müssen.

Nach dem Grillen

Nach dem Grillvergnügen steht die Reinigung auf dem Programm. Hier gibt es, je nach Art des Grills, verschiedene Methoden, die modellabhängig sind.

Ein wichtiges Utensil für die Reinigung ist eine Bürste mit feinen Borsten aus Messing oder Edelstahl. Diese Borsten sind hart genug, um Anhaftungen und Rückstände zu entfernen, ohne die Oberfläche des Grillrosts zu beschädigen. Grobe Drahtbürsten können Gusseisen und Edelstahl zwar nichts anhaben, verkratzen aber Emaille und Chrom und nehmen so die Oberflächenversiegelung ab. Rost ist die Folge.

Grillroste werden am besten im noch heißen Zustand abgebürstet. Einem Gasgrill mit seiner einfachen Temperaturregelung lässt man dazu je nach Verschmutzung 10-15 Minuten auf Höchstleistung bei geschlossenem Deckel laufen. Die noch festklebenden Lebensmittelreste werden „abgebrannt" und können dann leicht vom heißen Rost abgebürstet werden. Diese Art der Selbstreinigung ist vergleichbar mit der Pyrolyse-Funktion vieler moderner Backöfen.

Große Grillreinigungsbürste mit Schaber am Bürstenkopf.

Die Edelstahlborsten reinigen, ohne den Emaillerost zu zerkratzen.

Abgelaufene Flüssigkeiten und Fette sammeln sich in vielen Grills in extra dafür eingebauten Tropfschalen oder Fettschüsseln. Hier ist immer für einen ungehinderten Abfluss zu sorgen. Aufgestautes, am Ablauf gehindertes Fett kann sich entzünden und einen kapitalen Fettbrand entfesseln. Deshalb ist es wichtig, auch die Trichter und Wannen zu reinigen, die das Fett abführen. Wenn man diese Stellen sauber hält, ist sicheres und sauberes Grillen möglich. Jenseits von 300 °C ist der Grill quasi steril und frei von schädlichen Keimen. Will man es klinisch rein und „wie neu" haben, kann man getrost auf die handelsüblichen Reiniger für Edelstahl, Emaille oder Backöfen zurückgreifen.

Patinabildung im Deckel eines Gasgrills; im Vordergrund sieht man den Fühler des Deckelthermometers.

Im Allgemeinen sollte man die Grillreinigung nicht übertreiben. Nach mehrmaligem Benutzen bildet sich z. B. eine Art Patina auf der Grillinnenseite. Sie verringert die Hitzereflexion und macht die Temperatur im Grill einfacher zu regeln. Sie ist also durchaus erwünscht. Nicht jeder Rückstand ist nachteilig und der Putzfrust sollte den Grillspaß nicht zu sehr trüben.

Das wichtigste ZUBEHÖR

Die fast unübersehbare Menge an Grills wird nur noch von der noch größeren Menge an Zubehör übertrumpft. So wird von unverzichtbar über nützlich bis zu unnötig jede Grillsparte reichlich bedient, die jeweilige Definition liegt allerdings allein beim Anwender.

Aus diesem Grund werden hier nur die wichtigsten Zubehörgruppen genannt, die das Grillen, Backen und BBQen tatsächlich vereinfachen.

Thermometer

Kontrolle über das Feuer erfordert in vielen Fällen auch die geeigneten Kontrollinstrumente. Lüftungsschieber und Gasknebel dienen zwar der Temperatursteuerung, aber wann wird geregelt und wie viel?

Am besten geht das mithilfe eines Deckelthermometers, das heute in fast allen guten Grills verbaut ist. Hier lässt sich schnell die Garraumtemperatur ablesen und dann mit den Reglern entsprechend erhöhen oder verringern. Generell gilt, dass die Art der Hitzeerzeugung im Vergleich zur Temperaturhöhe im Garraum eher zweitrangig ist. Bei langsamen Garvorgängen bei Temperaturen um die 100 °C bis 160 °C kann fast nichts schiefgehen. Durch den langen Garprozess hat man genügend Zeit, sich entspannt um das Grillgut zu kümmern. Diese BBQ-Methode eignet sich allerdings nicht für alle Zubereitungsarten. Die nächste wichtige Temperaturstufe liegt bei

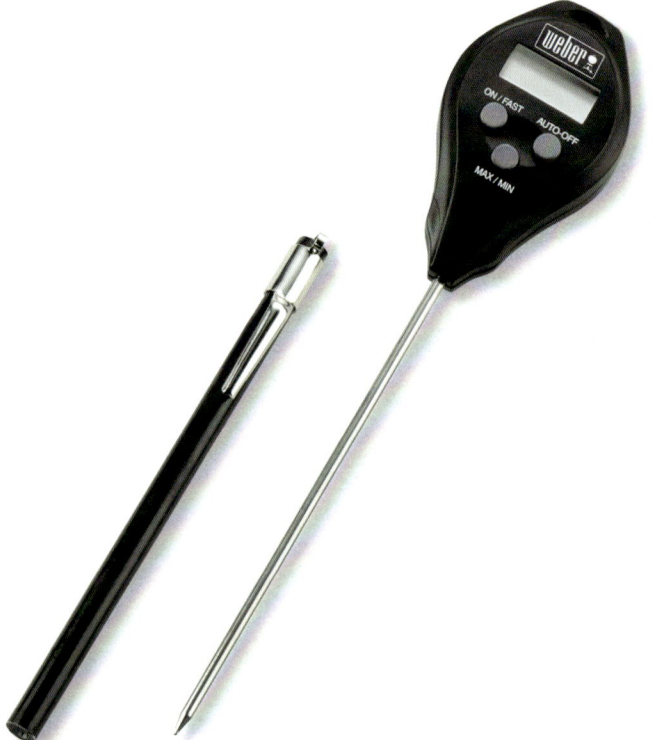

Digitales Taschenthermometer

Analoges Steakthermometer

180 °C bis 200 °C. Hier wird gebacken und Geflügel bekommt eine knusprige Haut. In dieser Stufe lassen sich die meisten Dinge auf dem Grill schonend zubereiten. Für Pizzen, Steaks, Würstchen und Speisen, die eine hohe Temperatur erfordern, ist der Grill natürlich ideal. Man muss aber exakt auf den Garpunkt achten. Bei Temperaturen um 300 °C erzeugt man zwar schnell eine schöne Kruste, aber die Speisen sind auch ebenso schnell verbrannt. Hier heißt „à la minute" tatsächlich „auf die Minute" – manchmal sogar auf die Sekunde.

Deshalb ist die Kontrollmöglichkeit der Garraumtemperatur im Duett mit einer Uhr ein Geheimnis des Grillerfolgs.

Aber was, wenn man einen ganzen Braten, z. B. ein Roastbeef, rosa garen möchte? Wenn man sich nicht nur auf Uhr und Gefühl verlassen möchte, sollte man hier ein Kernthermometer zur Hand nehmen. Es verfügt über eine lange Sonde, mit der man die Temperatur im Inneren des Garguts gradgenau messen kann.

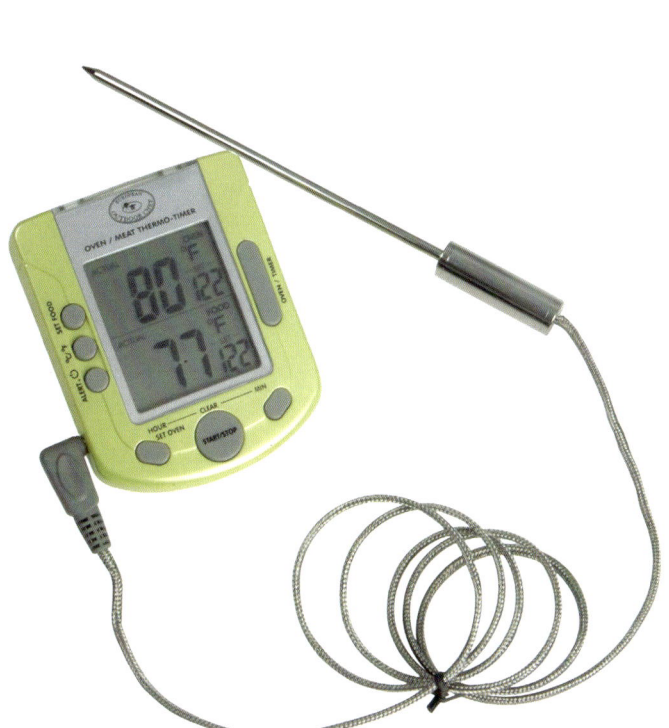

Digitales Gourmet-Check Kern- und Garraumthermometer

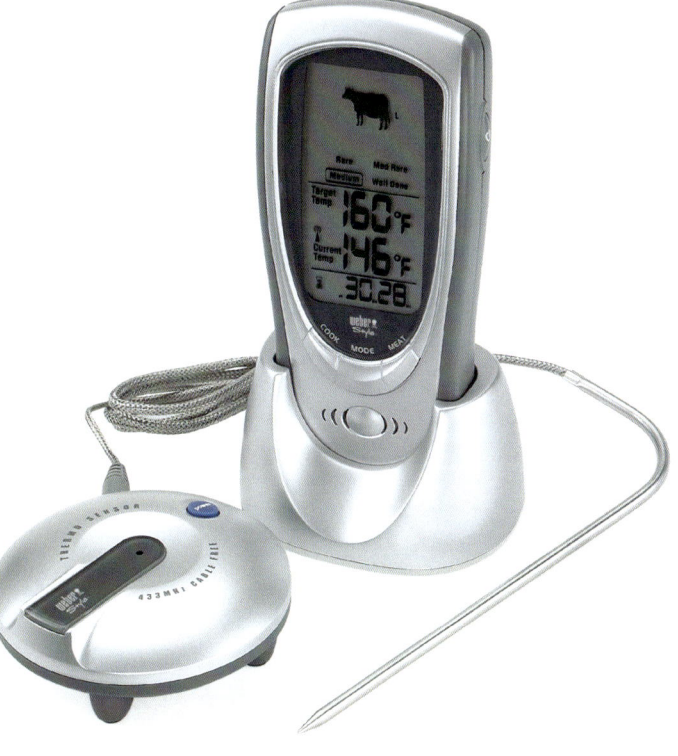

Digitales Funkthermometer mit Sendeeinheit im Vordergrund

Zangen und Wender

Zangen, Wender, Grillpinsel und Fleischinjektoren

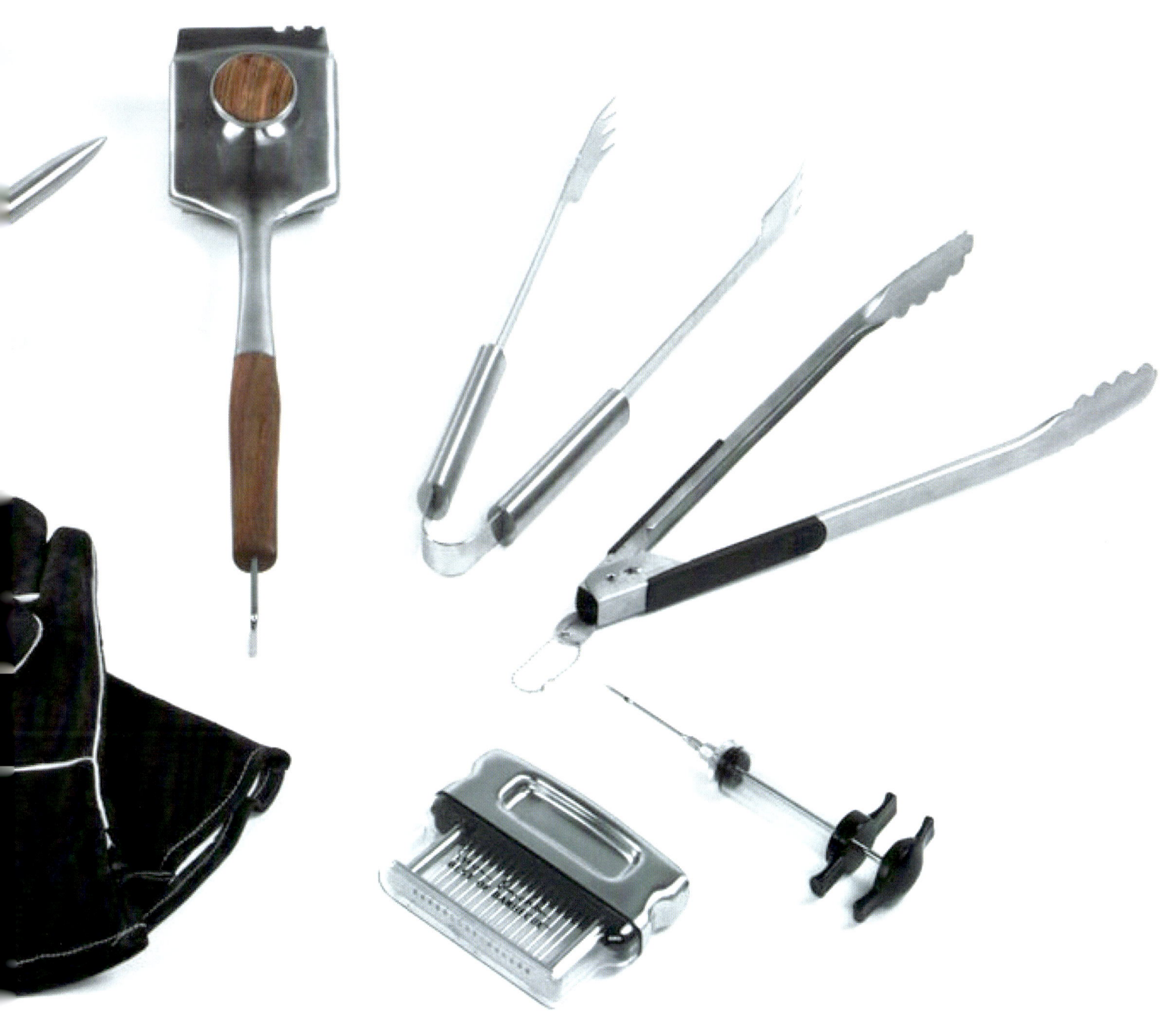

In die Kategorie „unverzichtbar" fallen Zangen und Wender. Fast jedes Grillgut muss gewendet werden. Man braucht also Zangen und Wender ebenso wie die Hitze im Grill.

Eine Gute Grillzange sollte:

- lang genug sein, um sicheren Abstand zur Hitze zu haben.
- aus Metall ohne Kunststoffbacken sein, da diese beim Kontakt mit dem heißen Rost oder glühenden Kohlen schmelzen könnten.
- eine Aufhänge-Öse haben, damit man sie am Grillbesteckhalter vieler Grills einhängen kann.
- für die platzsparende Aufbewahrung mit einer Arretierung ausgestattet sein. Diese kann als Gravitationsverschluss verbaut sein, die dann das einhändige Entsperren ermöglicht.
- stabil genug sein, um damit ein ganzes Huhn oder einen Braten hochheben zu können, und dabei einen sicheren und starken Griff zu haben.

Letztendlich muss der Benutzer seine Zange als angenehm empfinden. Er sollte sie seinen Bedürfnissen und Wünschen entsprechend auswählen. Bei den Wendern spielen ähnliche Kriterien die Hauptrolle. Ein langer Stiel, Metall als Hauptmaterial und eine Öse sind Pflicht. Die Kür ist die Gestaltung der Palette. Es gibt besonders breite, flexible, lange und gezahnte Wender – die Palette der Besonderheiten ist groß. Jeder Grillmeister hat hier sein Lieblingswerkzeug.

Halter und Körbe

Eine große Gruppe der Zubehörteile bilden die Halter und Körbe. Gemeint sind damit Vorrichtungen, um das Grillgut zu fixieren und das Wenden zu erleichtern. Für fast jedes Lebensmittel gibt es das passende Zubehörteil. Viele davon erleichtern das Grillen, sind aber nicht zwingend notwendig, einige sind besonders sinnvoll und vergrößern die Palette der umsetzbaren Grillgerichte um ein Vielfaches.

Die Hauptkategorie bilden die Spieße. Die klassischen runden Holzspieße sind aber nur der Anfang. Oft sind sie mit dekorativen Köpfen versehen oder aus Bambusrohr geschnitten und neigen zum Verkohlen oder Verbrennen. Selbst nach einiger Zeit in Wasser eingelegt fangen sie bei hohen Temperaturen schnell Feuer und sind mit abgebrannten Enden entsprechend schwierig zu wenden.

Besser geeignet als Grillspieße sind Doppel- oder Fachspieße aus Metall, vorzugsweise Edelstahl. Bei dieser Art von Spießen ist ein Verdrehen der aufgespießten Speisen nicht mehr möglich und der Spieß lässt sich besser wenden. Noch einfacher ist ein Spießgestell. Die Spieße werden so eingehängt, dass das Gespießte keinen Kontakt mit dem Grillrost hat und darum auch nicht ankleben kann. Es wird also, genau wie bei den großen Drehspießen, das Prinzip der reinen Strahlungshitze angewendet. Das Grillgut steckt dabei meist auf stabilen Vierkantspießen und wird durch Halteklammern am Verdrehen gehindert. Ein Elektromotor mit entsprechender Aufnahme sorgt für gleichmäßige Drehbewegung und macht so eine Garung von allen Seiten möglich.

Ist ein Drehspieß bauartbedingt nicht möglich, möchte man aber trotzdem ein ganzes Huhn oder eine ganze Ente grillen, haben sich Geflügelhalter bestens bewährt. Diese halten den Vogel in einer aufrechten Position und umgehen den direkten Rostkontakt und damit die Gefahr des Verbrennens oder Anklebens. Durch die Hitzeleitung ins Innere wird der Garprozess zusätzlich beschleunigt. Integrierte Flüssigkeitsbehälter sorgen für saftiges Fleisch und zusätzlichen Geschmack. Dem Gedanken des kontaktfreien Grillens folgen auch verschiedene Arten von Gestellen und Ständern, die im Zubehörhandel erhältlich sind. Ob sie notwendig sind, bestimmen die Vorlieben des Grillmeisters.

Wie es viele verschiedene Halter gibt, so gibt es auch verschiedene Körbe für alle denkbaren Grillzutaten. Am bekanntesten sind die sogenannten Fischkörbe. Sie helfen dabei, ganze Fische in einem Stück zu wenden. Diese Art von Körben eignet sich auch sehr gut dazu, gefüllte Steaks oder Schnitzel zu wenden, ohne dass sie auseinanderfallen. Nützlich sind auch engmaschige Gemüsekörbe. Sie lassen das Grillen von Kleinteilen zu, ohne dass diese durch den Grillrost fallen können.

Halter, Wender und Grillspieße

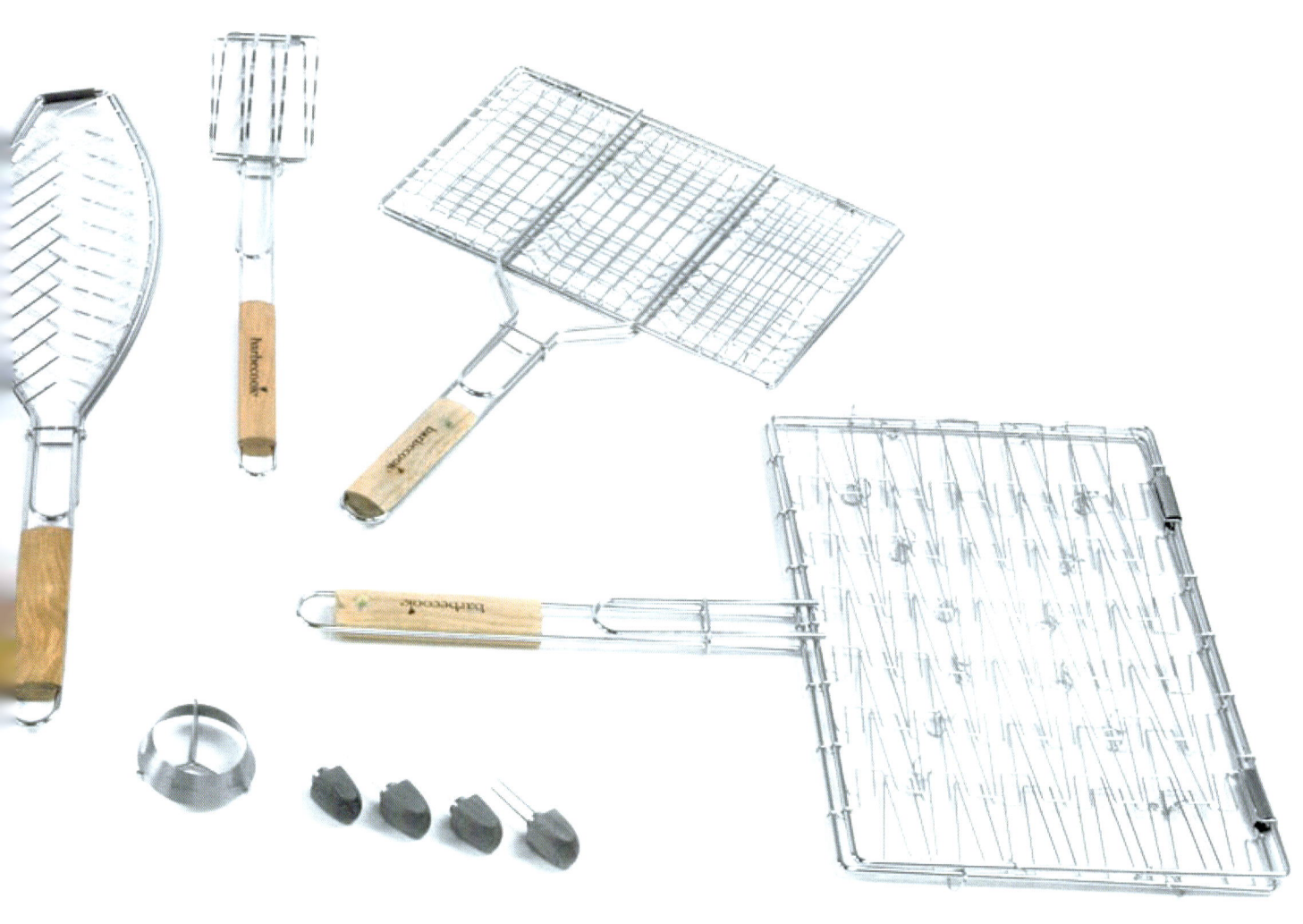

Die
KLASSIKER

Die größte Gruppe der verschiedenen Grill- und BBQ-Typen ist eindeutig die der klassischen Grills. Das Wort „Grill" beschreibt hier tatsächlich den Rost, der sich oberhalb der Hitzequelle befindet. Ob Gas, Holz oder Kohle, mit Deckel oder ohne, eckig oder rund, spielt dabei keine Rolle. Das Wirkungsprinzip ist immer das gleiche:

UNTEN HITZE, MITTE EISEN, OBEN ESSEN.

Mit der Vielzahl der verschiedenen Grills steigen auch ihre individuellen Eigenschaften. Durch raffinierte Konstruktionen, verschiedene Zubehörteile und etwas Know-how lassen sich die auf den ersten Blick simpel wirkenden Klassiker in wahre Alleskönner verwandeln. Mit ihnen ist weit mehr möglich, als nur das Grillen klassischer und einfacher Gerichte wie Würste oder fertig marinierte Halsnackensteaks.

Der Holzkohle-Kugelgrill Weber One Touch Deluxe & Performer

Kugelgrilldeckel One Touch Deluxe mit Thermometer.

Anfang der 50er-Jahre steckte das Grillen in den USA, die bis heute als Vaterland des BBQ gelten, noch in den Kinderschuhen. Unter den vielen Anhängern der wachsenden Grillkultur befand sich auch George Stephen, Angestellter der Firma Weber Brothers Metalworks, die unter anderem nautische Bojen für die Schifffahrt herstellte. Meist wurde damals in offenen Metallschalen

gegrillt, die sich nicht regulieren und kontrollieren lassen, keinen Wind- und Wetterschutz bieten und wo die auflodernden Flammen ohne Deckel nicht erstickt werden können. George erkannte als ambitionierter Griller die Herausforderung, diesen Zustand zu ändern.

1951 fiel ihm eine der Bojen auf und ihm kam eine folgenschwere Idee: Er schnitt sie in zwei

One Touch Deluxe mit praktischen Seitentischen.

Der Deckel lässt sich nach hinten in die Halterung schwenken.

Teile, ein großes und ein kleines, und fügte sie wieder zusammen. So ergaben diese beiden Teile einen Holzkohlegrill mit Deckel in Kugelform. Der heute weltbekannte Weber-Kugelgrill war geboren.

Bereits ein Jahr später war der Grill bei Stephens Freunden und Bekannten so beliebt, dass er anfing, den „George's BBQ Kettle" zu verkaufen, den Vorläufer des heutigen Weber-Kugelgrills.

„Sputnik", der Original Kugelgrill von 1952

Anfangs noch als „Sputnik" belächelt, war der Siegeszug des Grills durch die ganze Welt bald nicht mehr aufzuhalten. Heute gilt Weber als Erfinder des Kugelgrills und die einfache und sichere Art zu grillen findet ständig mehr Anhänger.

Prinzipiell bestehen alle Kugelgrills aus zwei Hälften. In der unteren Hälfte liegt der Kohlenrost. Das Brennmaterial liegt also nicht direkt auf dem Boden des Kessels. Die Kohlen bekommen durch das Belüftungssystem von unten mehr Sauerstoff und erzeugen so schneller eine lange und beständige Hitze. Darüber liegt der meist nicht höhenverstellbare eigentliche Grillrost. Die obere, abnehmbare Kugelhälfte hat einen Griff, Lüftungsventile und bei vielen Modellen noch ein Thermometer. Anfangs nur auf drei Beinen stehend, gibt es heute verschiedene Untergestelle und Wagen, in denen der Kessel fest verbaut ist. Die recht massiv gefertigten Geräte sind so einfacher im Garten zu platzieren und stehen auf jedem Untergrund wackelfrei.

Der große Vorteil eines Kugelgrills liegt in der gleichmäßigen Hitzeverteilung im Garraum. Durch seine Form herrscht im Inneren eine ständige Zirkulation der heißen Luft. Das heißt, man ist in der Lage, alles zu grillen, was auch im Backofen zuzubereiten ist. So hat man mit einem Kugelgrill ein Multifunktionsgerät zum Backen und Grillen gleichermaßen.

Will man z. B. eine Gans indirekt grillen, werden die glühenden Kohlen rechts und links auf dem Kohlerost positioniert. Die Hitze steigt auf, reflektiert am Deckel und gerät in Zirkulation. Die Gans wird gleichmäßig von der heißen Luft gegart, ohne dass sie zuerst von unten verbrennt. Der Grill ist also eine Art Umluftofen.

Um direkt zu grillen, also Steaks, Würstchen und alles andere, was kurze Garzeiten hat und hohe Hitze braucht, befindet sich das Glutbett direkt unter den Speisen. Man erhält schöne Grillstreifen.

Die hier aufgeführten Modelle, der Weber Performer und der Weber One Touch Deluxe, verfügen über Kohlekörbe, in die die glühenden Kohlen gegeben werden. Das vereinfacht die genaue Platzierung im Grill, da man die Kohlen mithil-

Kohlenposition für indirektes Grillen.

Zusammengeschobene Kohlekörbe für direktes Grillen und zum Anzünden.

fe einer Grillzange umsetzen kann. Durch Klappen im Grillrost können die Körbe bei Bedarf mit brennenden Kohlen nachgefüllt werden, ohne dass man den Rost entfernen muss.

Der Performer verfügt darüber hinaus über eine Gas führende Lanzette, die eine V-förmige Flamme unter die zusammengeschobenen Kohlekörbe bringt. Nach ca. 10 Minuten ist der Anglühvorgang beendet und man kann den Brenner wieder ausschalten. Ist die Kohle durchgeglüht,

werden die Körbe platziert und man kann mit dem Grillen beginnen.

Die Abluft wird bei diesen Modellen durch ein Deckelventil geregelt. Eine Besonderheit ist hier die kombinierte Zuluftsteuerung mit Reinigungsfunktion. Das sogenannte One-Touch-System besteht aus drei Edelstahlflügeln, die mit einem Hebel von außen bedient werden können. Bewegt man diesen Hebel nach links und rechts, wird die Asche durch die Zuluftschlitze

Klappbarer Grillrost zum einfachen Nachfüllen von Grillkohlen.

Eine Gasflamme zündet beim Performer die Kohlen an.

Sehr praktisch: Das One-Touch-System mit Zuluftregler und Ascheauffangbehälter.

in den darunterliegenden, herausnehmbaren Aschetopf gewischt. Das ermöglicht eine unkomplizierte und vor allem saubere Ascheentsorgung.

Gleichzeitig dienen die Flügel als Ventilklappen für die Zuluftsteuerung. In geschlossenem Zustand decken sie die Luftschlitze vollständig ab und unterbinden so die Sauerstoffzufuhr im Grill. Der Grill geht also aus.

Eine weitere Arbeitserleichterung ist der integrierte Deckelhalter. Der Deckel wird einfach seitwärts oder nach hinten geschoben und hält sicher in einem Haltebügel und zwei Kunststoffrollen. Diese Halterung ist mehr als ein Gimmick: So wird verhindert, dass sich Asche auf den Speisen absetzt. Die Asche wirbelt nämlich wegen des Sogs auf, den der Deckel auslöst, wenn er senkrecht abgehobenen wird.

Der Performer mit Tisch, Gaszündung und Kohlebehälter.

Holzkohlekugelgrill Outdoorchef Classic Charcoal 570 MX

Ein Holzkohlekugelgrill mit
Trichtertechnologie.

Eine besonders faszinierende Variante des Holz-
kohlekugelgrills sind die Grills des Schweizer
Herstellers Outdoorchef. Äußerlich im typischen
Kugelgrilldesign gehalten (Kessel mit Deckel
und Ventile für Zu- und Abluft), befindet sich im
Inneren die für Outdoorchef typische Trichtertechnologie.

Kernstück ist ein emaillierter Trichter, der ablaufende Bratensäfte und Flüssigkeiten in eine
Saftschale ableitet und so verhindert, dass Fett
und Bratensäfte auf die Kohlen tropfen. Der Ef-
fekt: Flammenbildung ist wirksam verhindert.
In diese Saftschale kann auch von Anfang an
Flüssigkeit gegeben werden, um zu verhindern,
dass die Speisen austrocknen. Der Trichter ist
etwa zur Hälfte ausgespart, sodass man die offene Seite über direkter Hitze zum Angrillen und
dann den geschlossenen Teil zum indirekten
Fertiggaren nutzen kann. Möchte man die ganze Fläche zum direkten Grillen nutzen, kann der
Trichter natürlich auch weggelassen werden.

Der emaillierte Grillrost ist mit einer Klappe versehen und rastet mit zwei Nasen so in den Trichter ein, dass sich Kohle nachfüllen lässt, ohne

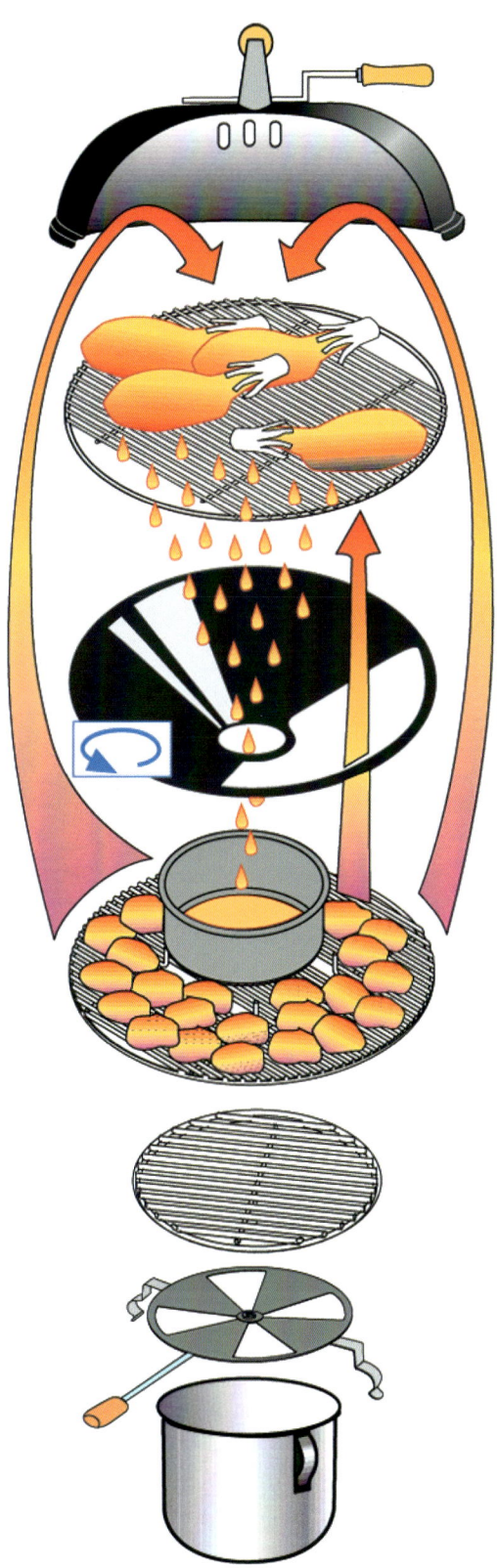

Funktionsschema des Trichtersystems für direktes und
indirektes Grillen.

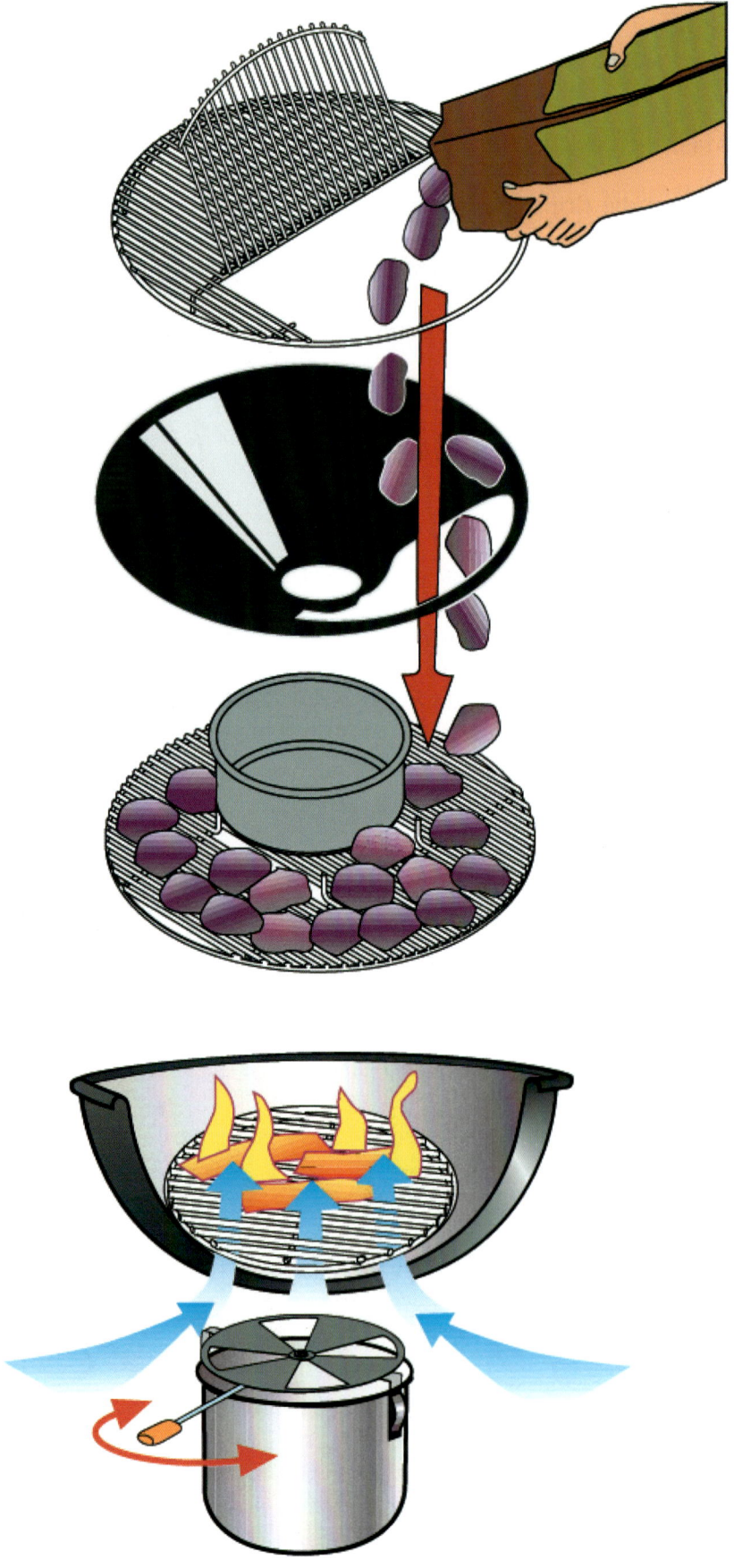

Aufklappbarer Grillrost für einfaches Nachfüllen der Holzkohlebriketts.

dass man den Trichter herausnehmen muss. Trichter und eingerasteter Rost bilden also eine Einheit und sind zusätzlich auch noch drehbar. Das macht es möglich, an jeder Stelle Kohle nachzulegen oder umzulagern, ohne Rost oder Trichter entfernen zu müssen.

Die anfallende Asche kann durch den mittig im Kessel verbauten, unten liegenden Lüfter herausgefegt werden und sammelt sich im darunter eingehängten Aschetopf. Dieser kann nach dem Erkalten der Asche einfach im Hausmüll entleert werden.

Bei diesem Grill kommt noch ein weiteres Detail hinzu: Der Deckel verfügt nicht nur über das obligatorische Thermometer, sondern auch über ein federgelagertes Deckelscharnier. Die Torsionsfeder erleichtert das Öffnen und lässt den Deckel leichter wirken, als er ist. Zusätzlich wird verhindert, dass der Deckel auf den Boden gelegt wird und eventuell Emaille absplittern könnte.

Aushängbares und federgelagertes Deckelscharnier aus Edelstahl.

Extrem praktisch: ein Grill mit Trichtersystem kann
Fettbrand verhindern

Gaskugelgrill Outdoorchef Venezia

So soll es sein: Grill- und Ablagefläche im XXL-Format.

Grillablagen sind durch nichts zu ersetzten – außer durch noch mehr Ablagen! Platz kann man nie genug haben, und genau dies bietet der Venezia auf eindrucksvolle Weise. Als Ablage dienen hier zwei polierte Granitplatten, die durch ihre Materialbeschaffenheit resistent gegen heiße Gegenstände, Fette, Säuren und Öle sind. Es gehört schon viel dazu, diesem Jahrtausend alten Material einen Kratzer zuzufügen.

Nicht nur das Auge isst mit, auch hygienisch hat dieser Grill einiges zu bieten. Wegen der einfachen Reinigung sind hier auch das Zuschneiden von Fleischstücken und vorbereitende Arbeiten für ein kulinarisches Grillvergnügen direkt am Grill möglich. Das Design des Aufbaus ist modern und schlicht grau-schwarz.

Die im rechten Teil unter der Arbeitsfläche verbaute Schublade bietet genügend Platz für Gewürze oder Grillzubehör. Darunter befinden sich Schienen, die die Granitplatte des Steak-

Steakhouse-Grill mit Gusseisenrost und darunterliegendem Brenner.

grills aufnehmen. So ist diese beim Benutzen des Steakgrills sauber verstaut.

Eine zusätzliche Grillmöglichkeit bietet der unter der vorderen Granitplatte versteckte Steakbrenner, der unabhängig von der Kugel betrieben werden kann und mit zwei gusseisernen Grillrosten ausgestattet ist. Für die Befeuerung sorgen zwei Doppelbrenner mit Abdeckungen aus Edelstahl, die die herabtropfenden Flüssigkeiten in eine Fettauffangschale leiten. Das gibt dem Grillmeister die zusätzliche Möglichkeit, zeitgleich nebeneinander auf dem „Steakhouse-Grill" z. B. Steaks oder Fisch direkt zu grillen und für die Beilagen die Kugel zu benutzen. Alle vier Brenner, zwei Ringbrenner in der Kugel und zwei Reihenbrenner im Steakgrill werden mit zwei batteriebetriebenen, elektronischen Zündungen schnell gestartet. Die Steuerung der Brennerleistung und damit der Hitze erfolgt durch die bei Gasgrills üblichen Drehregler oder Regelventile.

Wie die Holzkohlegrills von Outdoorchef hat der Venezia einen drehbaren Trichter für die soge- nannte Vulkan- und Normalposition. Grills mit diesen drehbaren Trichtern sind extrem vielsei- tig.

Der drehbare Trichter – in heißem Zustand wird er natürlich nur mit Grillhandschuhen bewegt.

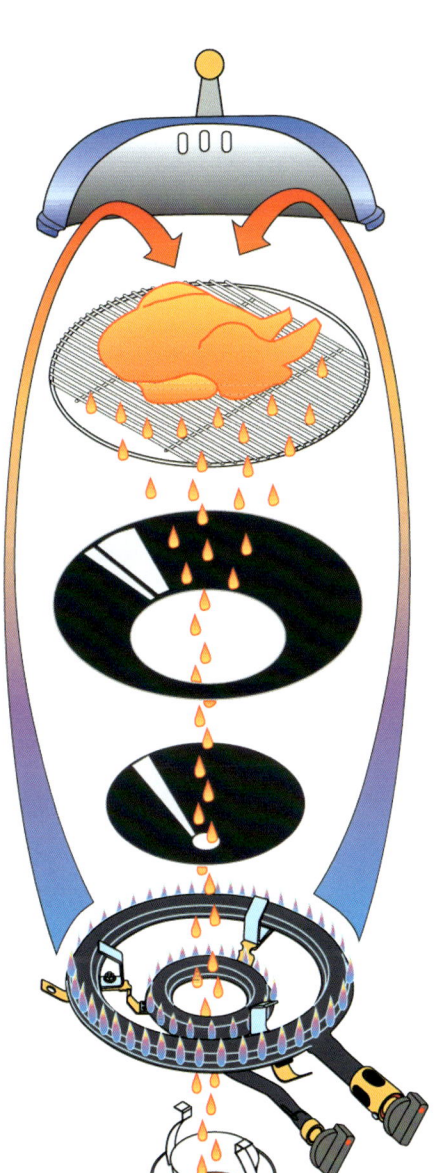

Funktionsschema der Trichterposition.

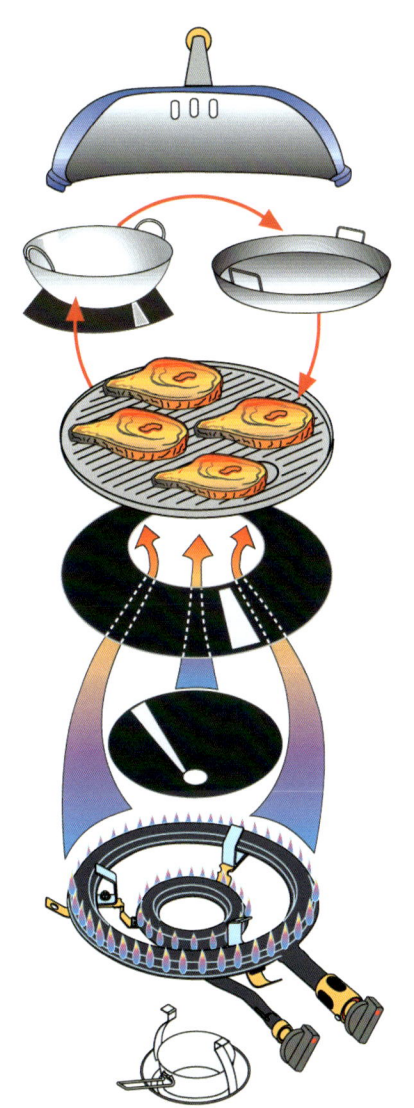

Funktionsschema der Vulkanposition.

Mit Aluminiumfolie ausgelegt, lässt sich die Fettauffangschale besonders einfach reinigen.

Für indirektes Grillen, Garen oder Backen wird der obere Trichter mit der großen Öffnung nach oben in der Trichterposition eingesetzt. Die Hitze der Brenner steigt an der Innenseite der Kugel empor und verteilt sich gleichmäßig in der ganzen Kugel. Gleichzeitig laufen die entstehenden Bratensäfte im Trichter herab und sammeln sich in einer Fettpfanne, die unter der Kugel sitzt und leicht gereinigt werden kann.

Für direktes Grillen mit hohen oder sehr hohen Temperaturen oder mit einer Gusseisenplatte wird der Trichter in der Vulkanposition umgekehrt eingesetzt.

Der kleine, untere Trichter schützt den kleinen Ringbrenner vor herabtropfender Flüssigkeit und leitet diese in die Auffangschale. Der kleine Trichter verbleibt in jeder Position, egal, ob Vulkan oder Normal, in seiner Stellung, kann aber zur Reinigung einfach entnommen werden.

In der Kugel selbst sind zwei voneinander unabhängig steuerbare Gasringbrenner verbaut. Sie schaffen ein weites Temperaturspektrum von ca. 100 °C mit dem kleinen Brenner allein und bis knapp 400 °C beim Einsatz von beiden Brennern. Das sind exzellente Werte für Gasgrills, die sonst normalerweise entweder mit den hohen oder den niedrigen Temperaturen ihre Probleme haben.

1,2-kW- und 8,5-kW-Gasbrenner in der Kugel.

Mit seinen vier arretierbaren Lenkrollen lässt sich dieser Grill, der mit voller Gasflasche ca. 80 kg auf die Waage bringt, selbst auf unebenem Untergrund leicht verschieben. Das Gestell ist massiv gefertigt und die im Boden verwendeten schwarzen Ablageböden bieten viel Platz für Grillzubehör wie Pizzastein, Wok-Aufsatz, Gusseisenpfannen etc.

Durch seine Mobilität, die Möglichkeit, verschiedene Grillmethoden gleichzeitig anzuwenden, und seine große Arbeitsfläche ist dieser Grill eine fahrbare komplette Küche für den Garten oder die Terrasse.

Trichtereinsatzaufbau mit Grillrost und mit umgedrehtem Trichter mit Gusseisen-Wok-Aufsatz

Der klassische Gasgrill Napoleon Prestige II

Napoleon Prestige 2, ein Klassiker
unter den Gasgrills.

Das Deckelthermometer des Napoleon Prestige II.

Charakteristisch für den klassischen Gasgrill ist seine meist rechteckige Form und die Grillfläche mit an Scharnieren aufgehängtem Deckel. Er ist aufgrund seines relativ hohen Eigengewichts und der Installation der Gas führenden Teile fest in einem meist rollbaren Stahlrahmen verbaut. Nicht selten ist dieser geschlossen und mit einer Tür versehen, hinter der sich die Gasflasche und etwas Zubehör verstauen lassen. Hier wird klassisch gegrillt: Die Brenner befinden sich unter der Grillfläche und die Speisen werden in erster Linie durch Unterhitze gegart.

Ein Klassiker ist die Firma Napoleon, ein kanadischer Grillhersteller mit deutschen Wurzeln. Aufgewachsen in Pforzheim, entschied sich der gelernte Werkzeugmacher Wolfgang Schroeter Anfang der 70er-Jahre zusammen mit fünf Freunden, in Kanada sein Glück zu suchen. Als der Tag der Abreise näher rückte, war er schließlich der Einzige, der den Schritt über den Ozean wagte.

Einblick in den Garraum.

Sizzle-Zone-
Infrarotbrenner.

Er arbeitete drei Jahre lang in einem Werkzeug- und Farbengeschäft und kaufte ein Auto. Er traf Ingrid, eine Frau ebenfalls deutscher Herkunft, die mit ihren Eltern zu den zahlreichen Einwandererfamilien und Glücksrittern gehörte.

Sie heirateten, gründeten eine Firma und produzierten in einem kleinen Schlossereibetrieb Stahlzäune und -geländer. Drei Jahre später, 1976, baute Wolfgang einen Kaminofen für seinen Schwiegervater ...

Der Bezug zum Material, sorgsame Verarbeitung und Funktionalität finden sich bis heute in den Napoleon-Grills wieder – auch in dem hier beschriebenen Prestige II PT450RBI.

Bei einem Blick in den Garraum fällt auf, dass dieser über zwei verschiedene Grillbereiche verfügt. Zwei Drittel bestehen aus den üblichen Edelstahlbrennern mit Brennerabdeckungen. Das dritte Drittel bildet die Sizzle-Zone.

Ein keramischer Infrarotbrenner sorgt hier nach knapp 25 Sekunden Aufheizzeit für „düsentriebmäßige" Temperaturen von bis zu 1.000 °C!

Die Oberfläche der Speisen, insbesondere von Fleisch, wird quasi versiegelt, die Säfte im Inneren werden praktisch eingeschlossen. Trockenes Fleisch gehört so der Vergangenheit an und sogar dünn geschnittene Rindersteaks werden außen schön knusprig und bleiben innen rosa. Wer einmal Jakobsmuscheln von einer Sizzle-Zone gegessen hat, wird nie wieder andere essen wollen.

Durch die hohen Temperaturen auf seiner Oberfläche verbrennt der Infrarotbrenner herabtropfende Flüssigkeiten sofort und reinigt sich so von selbst. Die Hitze, die hier erzeugt wird, bildet sich durch Strahlung, ähnlich wie bei der Sonne. Durchfließendes Gas bringt den Keramikkörper zum Glühen und erzeugt eine trockene Hitze, die auf das Grillgut wirkt. Die anderen Brenner sind durch Edelstahlschienen vor herabtropfenden Bratensäften und Fetten geschützt, die die Flüssigkeiten über eine große Wanne in einen Fettauffangbehälter leiten, der zum Reinigen leicht entnommen werden kann.

Ein weiterer Extrabrenner, der oft bei guten Gasgrills zu finden ist, ist der Infrarot-Rearburner an der Rückseite des Garraums. Er dient dazu, Grillgut, das sich auf einem vorgelagerten Drehspieß befindet, zu garen. Direkt vor dem Rearburner ist noch zusätzlich ein kleines Tablett montiert, auf das Räucherchips gelegt werden können, um dem Grillgut einen rauchigen Geschmack zu geben. Das kann modellabhängig auch durch Smokerboxen erfolgen, die einen Teil der Grillfläche einnehmen oder direkt auf die Brennerabdeckungen gelegt werden können. Der Drehspieß sollte stets mit einem Ausgleichgewicht ausgestattet sein, damit er sich, mit Geflügel oder einem schweren Braten bestückt, nicht unwuchtig, sondern gleichmäßig und ruckelfrei dreht.

Infrarot-Rearburner – am Drehspieß ist rechts das Ausgleichsgewicht zu erkennen.

Der Seitenbrenner
des Prestige II.

Das Regelventil in
der Mitte steuert
den Rearburner.
Diese Funktion
sollte wie hier
durch eindeutige
Symbole kennt-
lich gemacht
werden.

Klassischer Gasgrill Weber Summit 650

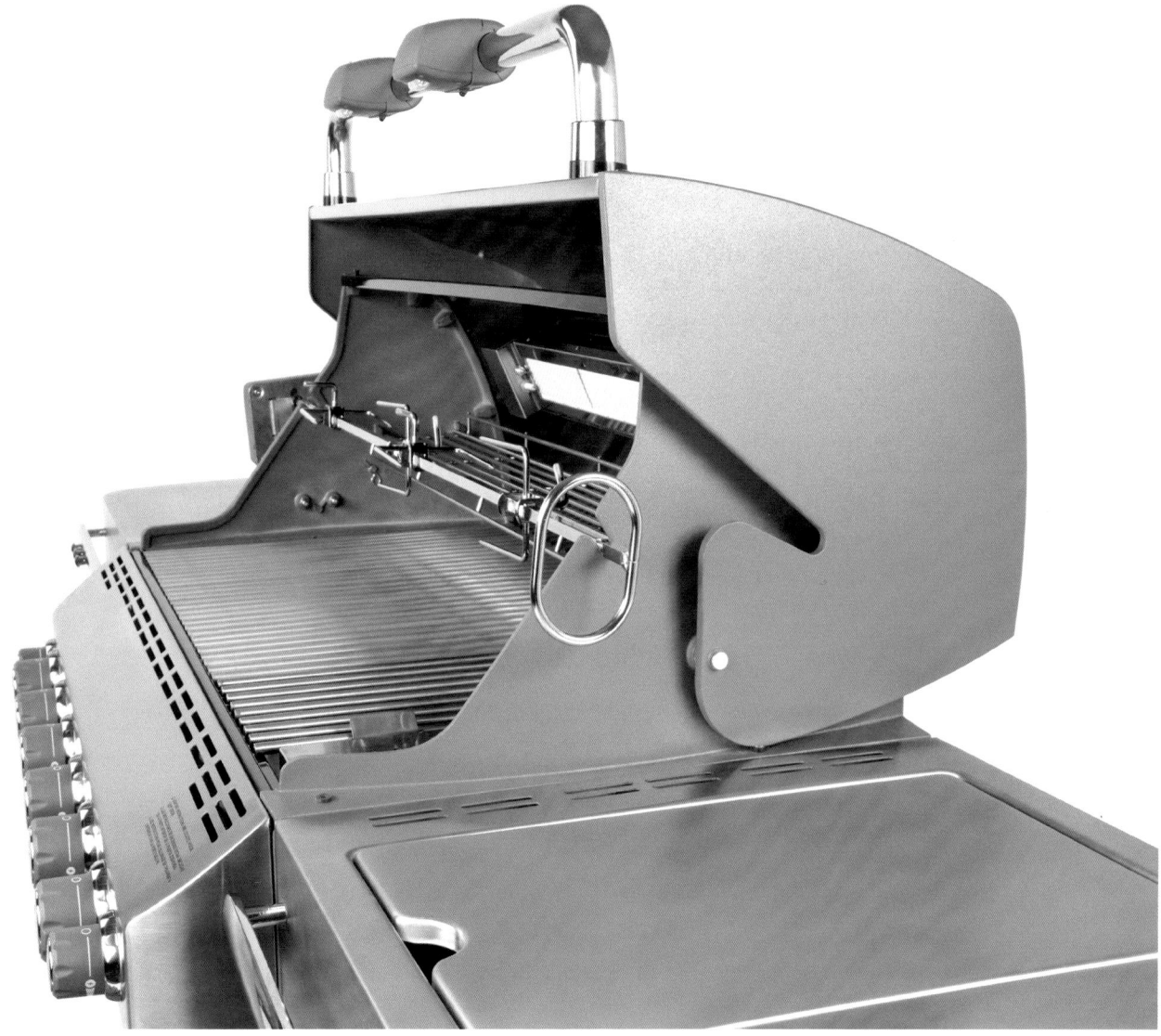

Einblick in den Garraum des Summit 650 mit Drehspieß.

Neben dem Garraum in eine der Seitenablagen versenkt und fest montiert befindet sich hier, wie bei vielen Modellen, ein Seitenbrenner, der wie eine Herdplatte nutzbar ist. So kann man direkt am Grill nebenher z. B. eine BBQ-Soße kochen oder warmhalten. Wie die anderen Brenner auch lässt sich der Seitenkocher auf Knopfdruck entweder elektronisch mit Batterie oder, wie bei einigen anderen Herstellern, per Piezo-Zündung in Betrieb nehmen. Es gibt nur eines, was eine große Grillfläche ersetzen kann: eine noch größere Grillfläche.

Mit seiner Grillfläche von 80,5 x 49 cm nimmt das Flagschiff der Weberflotte unter den großen Outdoorküchen einen sicheren Platz ein.

Befeuert werden die drei einzelnen, aus massivem Edelstahl geschweißten Grillroste durch sechs getrennt regelbare, vertikal eingebaute Edelstahlbrenner. Die Besonderheit bildet hier die Zündvorrichtung: In jedem der acht Regelventile ist eine sogenannte SnapJet-Zündung verborgen. Wird der Regler aufgedreht, entsteht ein elektrischer Funke, der einen kleinen Brenner aktiviert, der wiederum das eigentliche Brennerrohr zündet. So kann jeder Brenner einzeln mit einem Handgriff gestartet und sofort auf die gewünschte Stellung gebracht werden. Die Anzahl der Brenner und ihre individuelle Steuerbarkeit sind von Vorteil bei der indirekten Grillmethode. Die Außenbrenner werden eingeschaltet und in der Mitte bleibt eine große Fläche zum indirekten Grillen, Backen oder Braten.

Die Steuerzentrale mit sehr großen Regelventilen und integrierter Zündvorrichtung.

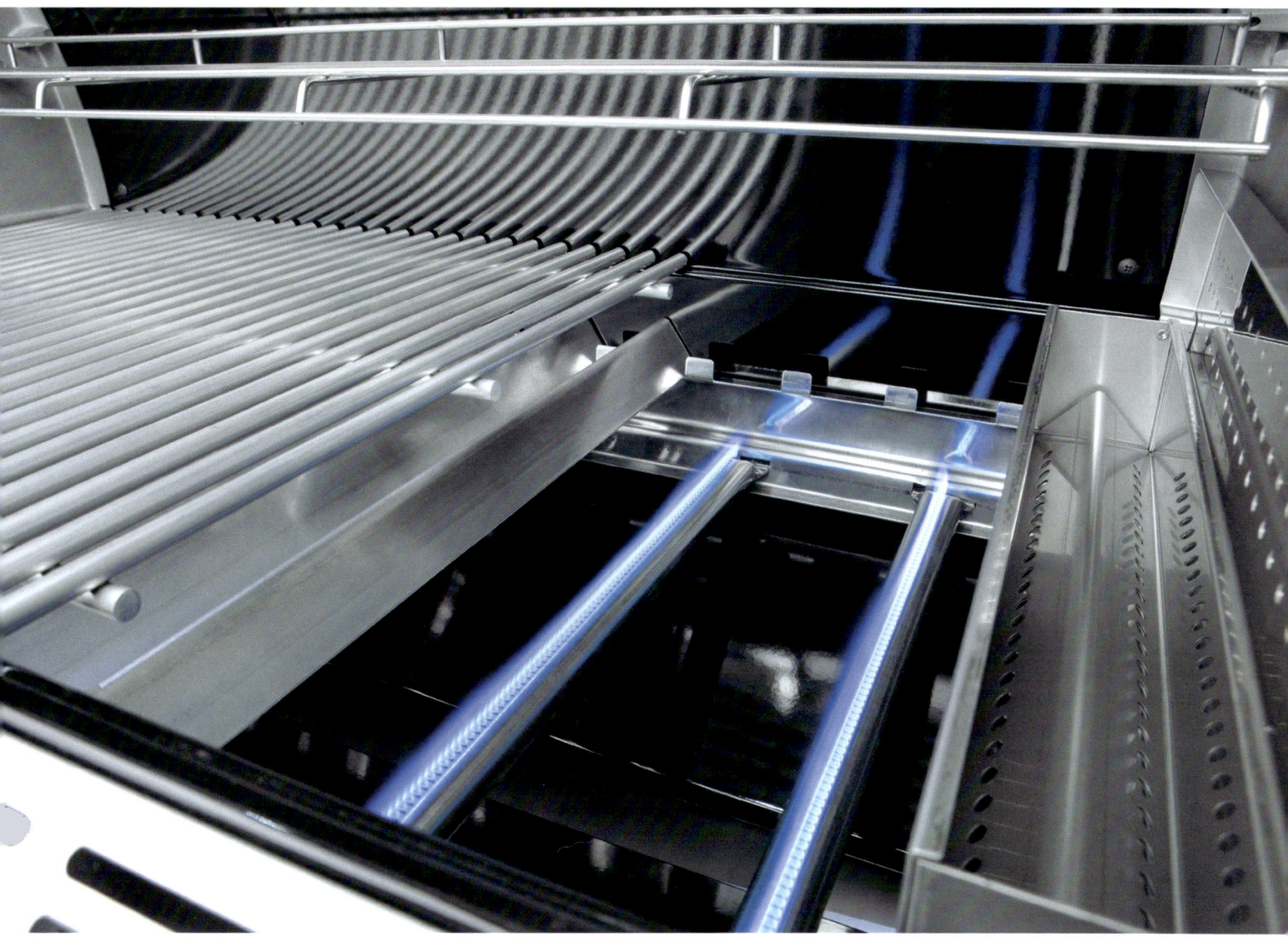

Zwei der sechs Brenner im Betrieb; auf der rechten Seite liegt die aufgeklappte, gelochte Smokebox.

Auf der rechten Seite des Garraums liegt, integriert in die Grillfläche, eine **Smokebox.** Sie ist ein rechteckiger Edelstahlbehälter mit gelochtem Deckel zum Aromatisieren des Grillgutes mit Rauch, der durch Woodchips erzeugt wird. Diese Art des Grillens, die ihren Ursprung im amerikanischen BBQ hat, ermöglicht es, das Fleisch mit einem außergewöhnlichen rauchigen Geschmack zu veredeln. Die Räuchereinheit verfügt über einen eigenen, unterhalb von ihr angebrachten Brenner, der ebenfalls stufenlos regelbar ist. Er ermöglicht es, unabhängig von der Garraumtemperatur kontrolliert und je nach Wunsch dosierten Rauch zu erzeugen.

Eine weitere Hitzequelle ist der an der Grillrückseite montierte **Infrarot-Backburner**. Dieser keramische Brenner dient zum Spießgrillen, wird ebenfalls mit einem eigenen Regler im Frontpanel gezündet und auf die gewünschte Hitze eingestellt. Durch den schweren Drehspieß mit Elektromotor ist ein gleichmäßiges Grillen möglich. Da die Unterhitze ausgeschaltet wird, kann der Bratensaft in einer Schale aufgefangen werden, ohne anzubrennen. Mit etwas Gemüse in der Schale kommt man so auch noch leicht zu einer guten Soßengrundlage.

Keramischer Infrarot-Backburner.

Seitenkocher mit Piezo-Zündung.

Letzte Energiequelle des Summit ist der Seitenkocher, der in der rechten Seitenablage versenkt eingebaut ist und mit einer Piezo-Zündung entfacht wird. So kann während des Grillens eine Beilage oder Soße zubereitet werden. Bei heruntergeklappter Abdeckung ist der Brenner nicht mehr sichtbar und der Deckel bietet zusätzliche Arbeitsfläche.

Für den sauberen Abtransport von Fetten und Bratensäften sorgen hier die **Flavorizer Bars**. Das sind V-förmige Edelstahlschienen, die über den Brennern liegen und sie sicher vor herabtropfendem Fett schützen. Flüssigkeiten, die auf die heißen Flavorizer Bars tropfen, verdampfen und geben den Speisen ein gutes Grillaroma. Hinter den Türen des komplett geschlossenen Unterschranks und unter diesen V-Schienen ist eine große Trichterwanne eingeschoben, die die Fette sammelt und in einen zur Reinigung herausnehmbaren Auffangbehälter abführt.

Der Deckel ist aus doppelwandigem Edelstahl. Damit wird verhindert, dass er bei großer Hitze anläuft. Zusätzlich wirkt das Luftpolster zwischen den Deckelwänden isolierend und hält die Hitze im Grill. In der Mitte des Deckels befindet sich das obligatorische Deckelthermometer für optimale Kontrolle der Garraumtemperatur.

Seitenansicht bei geschlossener Haube.

Für die Ausleuchtung der Grillfläche sitzen zwei batteriebetriebene Lampen auf der Griffreling. Natürlich werden die Lampen nicht einfach per Schalter, sondern über einen gravitationsgesteuerten Kippschalter bedient. Wird der Deckel geöffnet, schaltet sich automatisch das Licht an. Schließt man ihn wieder, erlöschen die Lampen automatisch. Gerade beim abendlichen Grillen mit schlechter Beleuchtung ist das ein durchaus sinnvolles Merkmal dieses Grills, da trotz der unauffälligen Größe der Grifflichter durch LED-Technologie die gesamte Grillfläche ausgeleuchtet wird.

„Es werde Licht" – dank der gravitationsgesteuerten LED-Lampe.

Luxus-Holzkohlegrill Direktgrill – Hajatec

Die erste Begegnung mit einem Hajatec-Stahlboliden gleicht der Annäherung an einen Luxussportwagen. Er offenbart eine bis ins kleinste Detail makellose Verarbeitung, eine auf den ersten Blick nicht erkennbare, einzigartige Funktionsweise und ist aus bestem, widerstandsfähigem V2A- oder V4A-Stahl gefertigt. Das Anheben des zentnerschweren Deckels ist wie der erste Blick unter eine V12-Motorhaube – öldruckdämpferunterstützt gibt er den Blick auf den gegenläufig verschiebbaren Ober- und Unterrost frei.

Gut 250 Stunden Handarbeit liegen in der Luft, jeder Grill wird nach individuellen Wünschen gefertigt. Das Ergebnis ist ein einzigartiges Grillunikat der Superlative. Die Grillinnovation ist die Fettauffangfunktion. Das Fett kann hier nicht in die Glut tropfen, das Grillgut riecht, wie es soll – nach nichts anderem. Hier wird das Grillen auf seine ursprüngliche und fast schon archaische Weise reduziert. Man benötigt zum Betrieb nur die Kurbel, um die Temperatur zu steuern.

Millimetergenau lassen sich die Roste bewegen, hier ist Männerhandarbeit angesagt. Keine elektronischen Steuerungen oder sonstige Hilfsmittel stehen im Weg, eine einfache Handhabung ist garantiert. Es werden schnell Erinnerungen an die ersten per Hand eingestellten Vergaser alter Motorräder wach. Eine konstante Grilltemperatur wird hier durch feinstes Justieren des Geräts eingestellt. Das Gewicht eines Hajatec-Grills von 260 kg zeigt beim Verschieben auf der Terrasse oder im Garten, womit man es zu tun hat.

Alle Grillmodelle sind mit einem patentierten Hightech-Grillrost ausgestattet. Dieser Rost besteht aus einem Ober- und einem Unterteil, die sich zueinander verschieben lassen. Der Oberrost besteht aus einer Kombination von Profil- und Rundstäben sowie einem Rahmen. Die Profilstäbe sind mit einem Wärme speichernden Material gefüllt. Dadurch bleibt ein Großteil der Wärme für lange Zeit gespeichert, sodass sich die Grillzeit erheblich verlängert. Der Unterrost besteht ebenfalls aus einem Rahmen mit mehre-

HaJaTec Gold Edition, der teuerste Grill der Welt –
edelstes Grillvergnügen im Wert eines Luxus-
wagens in 24 Karat Gold.

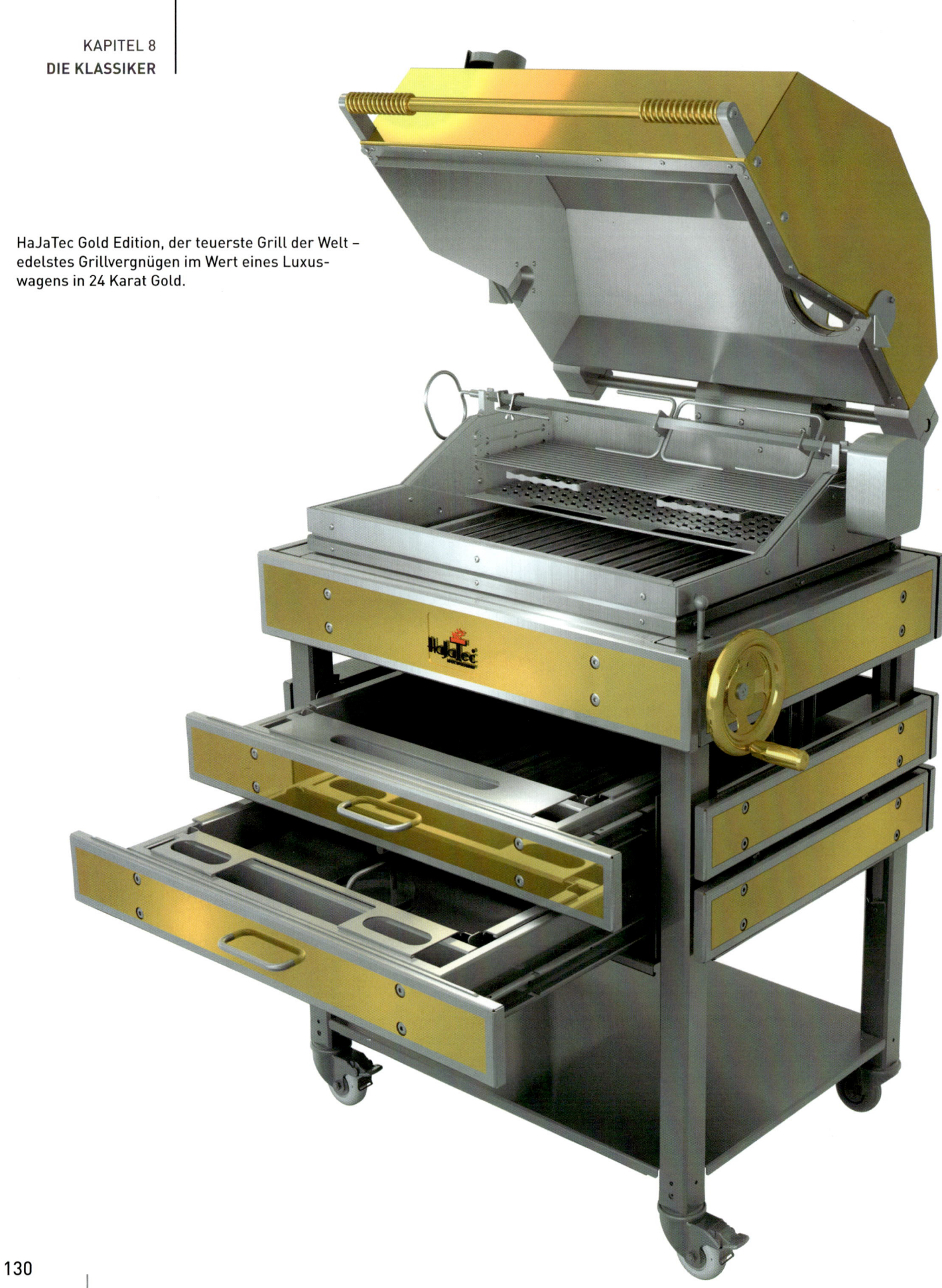

ren verschiedenen Profilstäben. Die Profilstäbe schirmen zum einen die Hitze ab, zum anderen fangen sie Fett oder Fleischsaft auf, damit diese nicht in die Glut tropfen. Es ist die gesündeste Art, bei geringem Verbrauch direkt über Holzkohle zu grillen. Natürlich wird hier der Griller mit einem besonders authentischen Geschmack des Grillguts belohnt.

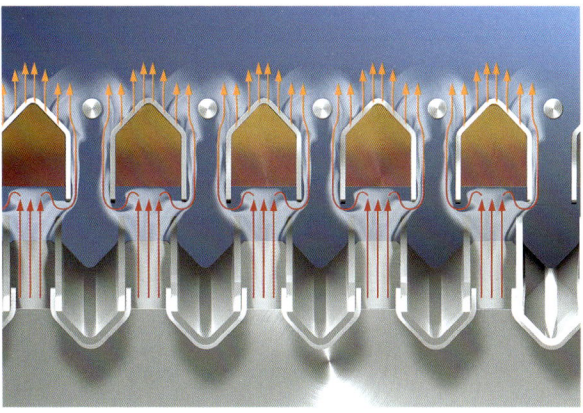

Verschiebbarer Oberrost für gleichmäßige Wärmeverteilung.

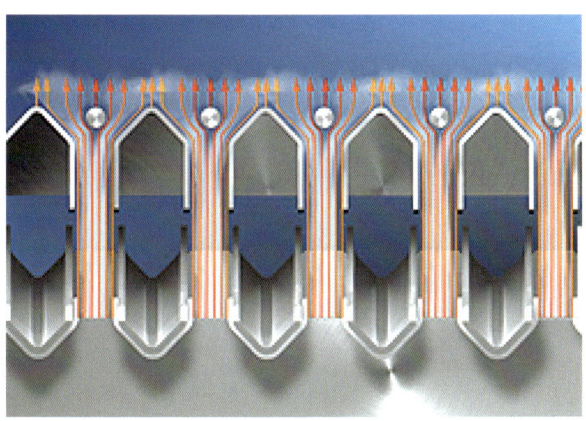

Direkte Wärmestrahlung für maximale Temperatur.

Bei der herkömmlichen Methode wird das Grillgut durch direkte Wärmestrahlung der Holzkohle gegart. Hierbei strömt die Hitze an den Profilstäben vorbei und gelangt direkt ins Grillgut. Die Abstrahlwärme der Profilstäbe ist daher gering. Bei dieser Garmethode erreicht man in kürzester Zeit das Maximum an Hitze, die dann zum größten Teil in die Umgebung abgegeben wird.

Durch die Verschiebung des Oberrosts um 15 Millimeter lässt sich der Grillrost auf die Fettauffangfunktion einstellen. Hierbei wird die Hitze durch die V-Profile des Unterrosts auf die Mitte der Profilstäbe des Oberrosts geleitet und vom Wärmespeicher in den Profilstäben zum größten Teil aufgenommen. Es kommt zu einer gleichmäßigen Abgabe der Wärme auf dem oberen Rostbereich. Dadurch steht die Hitze für einen längeren Zeitraum zur Verfügung. Ohne neue Holzkohle aufzulegen, erhöht sich die Grillzeit um bis zu 100 %.

Der Hajatec mit Deckelstellung offen und geschlossen.

Oberrost mit Profil- und Rundstäbekombination

Die Firma Hajatec stellt auch komplette Gastronomiegrillausstattung maßgeschneidert her. Der mobile Hajatec E H R 1320d bietet 30 Jahre Garantie und einen 24-Stunden-Service. Die serienmäßige Ausstattung lässt keine Wünsche offen: patentiertes Fettauffangsystem, Speicherrost, wärmeisolierte Grillhaube mit Getriebe und Öldruckdämpfer, Thermometer, Zirkulations-schraube, Bodenausgleichsregulierung, entnehmbarer Aschekasten, höhenverstellbarer und wärmeisolierter Schubladenkorpus mit Öldruckdämpfer sowie Edelstahlblenden vorn und hinten. Die Outdoor-Küche aus gebürstetem Edelstahl verfügt über Unterzuglüftung. Er ist ein Grill ohne Kompromisse, und das macht ihn so einzigartig.

Der Oberrost besteht aus einer Kombination von Profil- und Rundstäben plus Rahmen. Die Profilstäbe sind mit Wärme speicherndem Material gefüllt. Durch die Verschiebung des Oberrosts um 1,5 cm lässt sich der Grillrost einstellen. Die Hitze wird durch die V-Profile des Unterrosts auf die Mitte der Profilstäbe des Oberrosts geleitet. Dadurch wird die Hitze zum größten Teil vom Wärmespeicher in den Profilstäben aufgenommen, um eine konstante Temperatur zu halten. Der Unterrost besteht ebenfalls aus einem Rahmen mit mehreren verschiedenen Profilstäben. Die Profilstäbe schirmen zum einen die Hitze ab, zum anderen fangen sie Fett oder Fleischsaft auf, die so nicht in die Glut tropfen können.

Der Unterrost dient als Fettablauf.

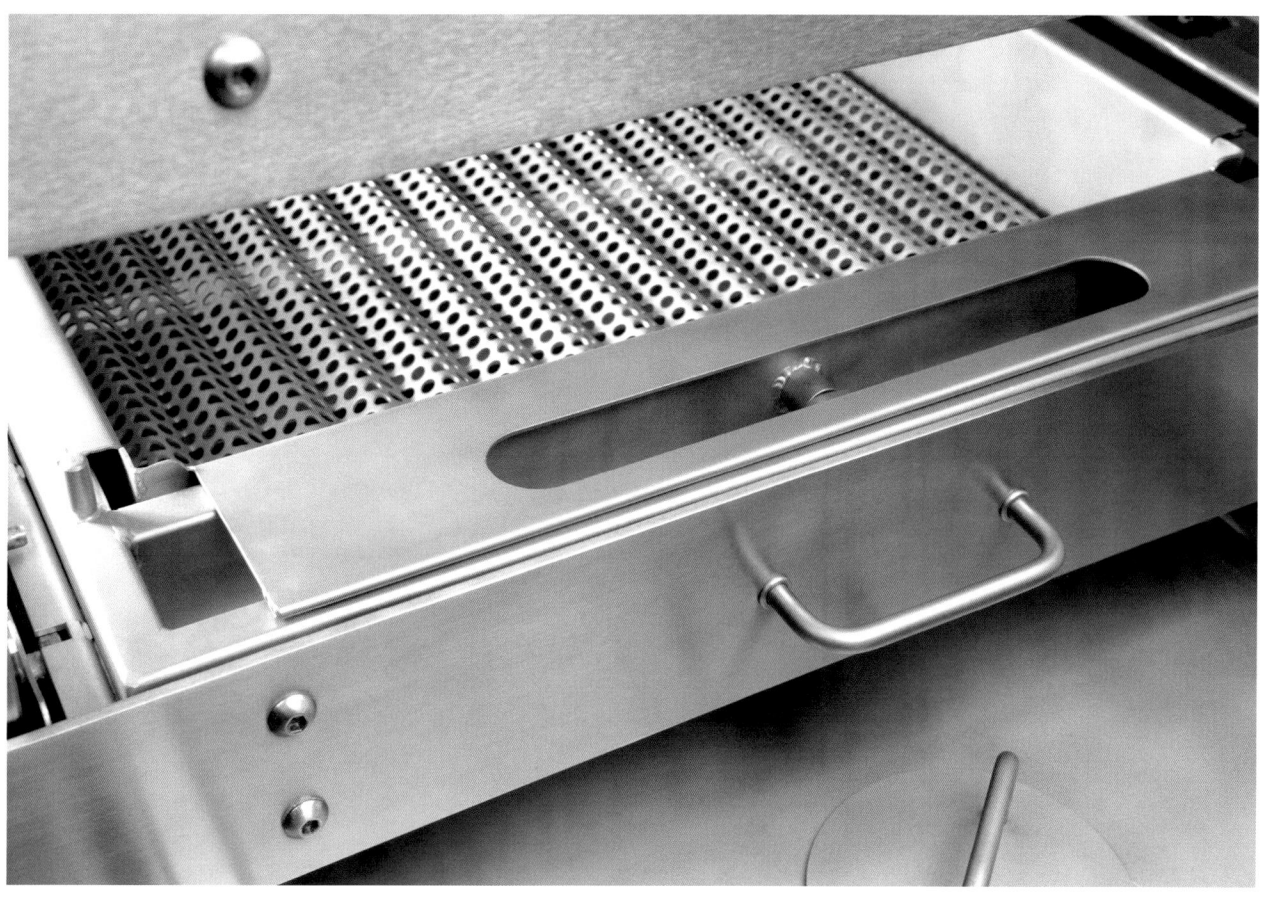

Entnehmbarer Aschekasten.

Leichtgängige Drehkurbel zur Rostverstellung.

Luxus-Gasgrill Grandhall X-Serie Porsche Design

Design by
PORSCHE DESIGN STUDIO

„Wenn man die Funktion einer Sache über-denkt, ergibt sich die Form manchmal wie von allein." Dieser Porsche Design-Leitspruch gilt seit Jahrzehnten nicht nur für Autos, Uhren, Brillen und Industrieprodukte aller Art, sondern glücklicherweise nun auch für Grillgeräte. In Zusammenarbeit mit dem Porsche Design Studio und der Porsche Engineering Group

GmbH in Deutschland wurde einer der wohl luxuriösesten Gasgrills der Welt entwickelt: die X-Series von Grandhall.

Sorgfältige Materialauswahl, hochwertige Verarbeitung und modernste Technologie sowie edle Anmutung wird dem Benutzer hier, wie auch beim Porsche in der Garage, geboten. Marktneuheit und eine technische Innovation sind die hier verbauten vier Crossray®-Infrarotbrenner. Sie geben die Hitze nach kurzer Vorheizzeit gleichmäßig über die gesamte große Grillfläche in Form von Infrarotstrahlung an die Grillroste

ab. Dieser Grill hat Power, Vollgas auf allen Brennern empfiehlt sich allerdings nicht. Für die Grillstücke wäre es dann zu heiß.

Das abtropfende Fett kommt mit den Brennern nicht in Berührung, sondern wird darunter gesammelt. Durch die entstehende Infrarotwärme werden Fleisch und Fisch innen schneller gar, sodass ein Verbrennen der Außenseite leichter vermieden werden kann. Das Grillgut behält seine natürlichen Flüssigkeiten, bleibt dadurch zart und saftig und liegt nie direkt über der Hitzequelle auf den gusseisernen Rosten.

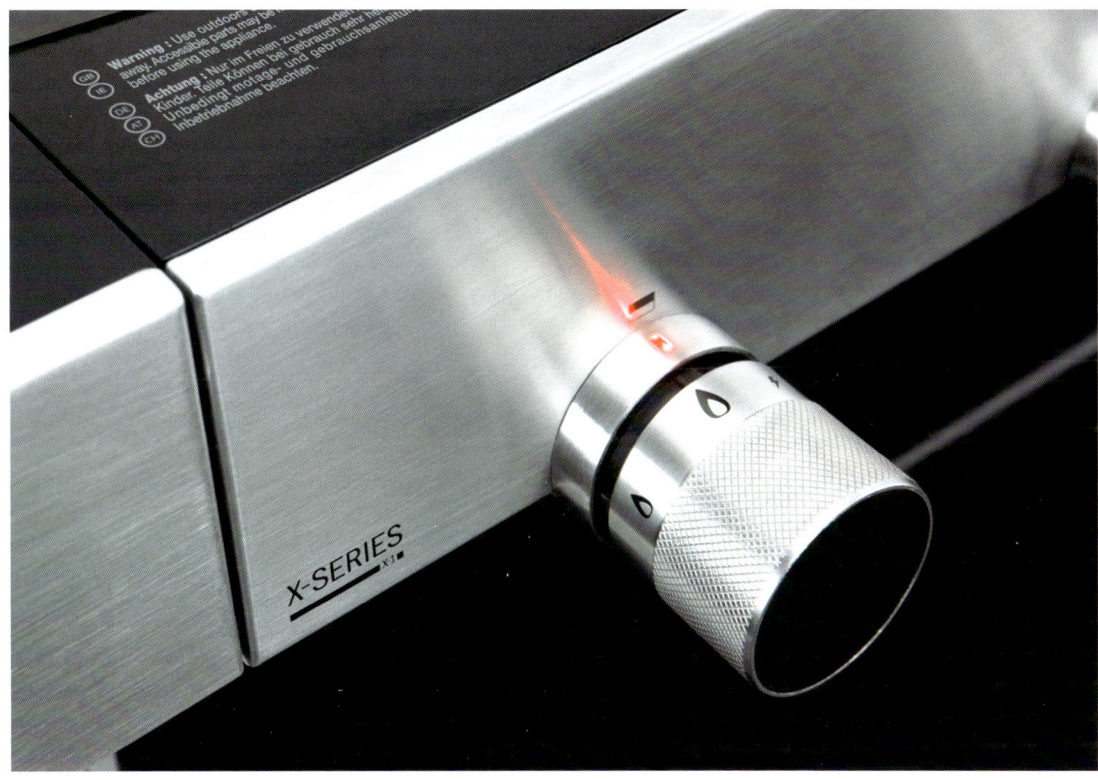

Beleuchteter Drehregler in edlem Design.

Design by

Mitgedacht: Die Rotisserie läuft wahlweise über Netzstrom oder Batteriebetrieb.

Design by
PORSCHE DESIG
STUDIO

Rauchentwicklung wird durch die effiziente Brennertechnik weitgehend vermieden. Natürlich sind hier die einzelnen Brenner fein zu regulieren, um gegebenenfalls unterschiedliche Temperaturzonen zu erreichen. Die Knebel sind sehr stabil und liegen hervorragend in der Hand.

Die Zündung erfolgt sofort nach dem ersten Klick. Der doppelwandig isolierte Deckel hat im Seitenteil die wohl schlankste Rotisserie untergebracht. Über ein Kettengetriebe wird sie von einem Elektromotor angetrieben, der versteckt im Unterschrank sitzt.

Dieser Grillmotor ist komplett in die Seitenwand integriert und kein billiger Fernostmotor, der an einem Lappen Blech hängt.

Das Bedienfeld mit LED-Anzeige ist kein technischer Schnickschnack, sondern ein sinnvolles Instrument zur Temperatur- und Zeitkontrolle. Die Elektronik ist mit aufladbaren Akkuhalterungen versehen. Der Messfühler im Grillraum zeigt zuverlässig die Kerntemperatur des Grillguts an, in das der Sensorstab gesteckt wird,

und erspart den sonst erforderlichen digitalen Messdiener.

Mit diesem Grill stellt man die Küche einfach in den Garten. Er ist eine noble Variante des „Outdoorcookings". Sein zeitloses schwarzes Design mit Edelstahl kombiniert verschönert jeden Garten. Witterungsbeständig und mit viel pulverbeschichtetem Edelstahl parkt dieser Porsche auch gern im Freien.

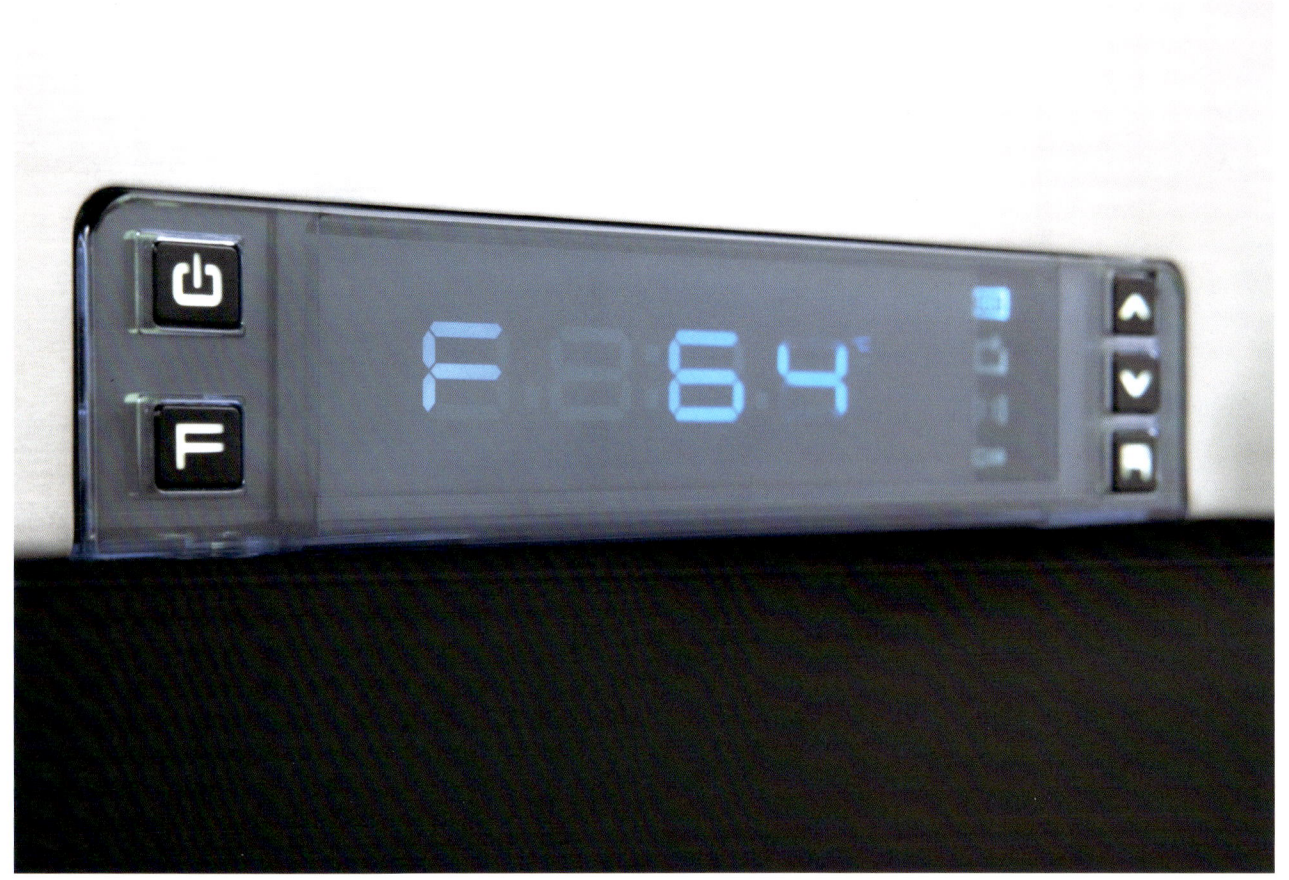

LED-Anzeige mit vielfältigen Funktionen.

Design by
PORSCHE DESIGN STUDIO

Design by
**PORSCHE DESIGN
STUDIO**

Säulengrill Barbecook Master und Major Inox

Üblicherweise werden die Kohlen für einen Kohlegrill mithilfe eines Anzündkamins oder direkt im Grill mit Anzündhilfen wie Paraffinwürfeln angesteckt.

Die Ausnahme bildet wegen seines speziellen Zündvorgangs der Säulengrill. Hier greift das Prinzip des Kaminzugs – er ist praktisch ein Grill mit eingebautem Anzündkamin. Heiße Luft steigt auf und zieht kalte, sauerstoffreiche Frischluft hinterher, die die Glutbildung, wie bei einem Schmiedefeuer mit Blasebalg, erheblich beschleunigt.

Diese Art des Kohleanzündens ist so einfach wie genial und wird hier anhand der Barbecook Säu-

Barbecook Major Inox mit abklappbarem Seitentablett.

lengrills Major Inox und Master beschrieben. Diese Holzkohlegrills sind mit dem QuickStart-System versehen, wodurch die Kohle bereits nach einer Viertelstunde durchglüht ist. Der Grill ist dann bereit zum Auflegen der Grillagen. Dieses spezielle System erspart die Anschaffung eines Anzündkamins. Die Kohle wird in die Wanne aus Edelstahl gegeben und pyramidenförmig aufgeschichtet. Dann wird etwas zusammengerolltes Zeitungspapier in das Anzündrohr gesteckt und entzündet. Die auflodernden Flammen bringen die unteren Kohlen zum Glühen und durch die Frischluft, die von unten nachströmt, frisst sich die Glut durch die Pyramide nach oben durch. Ist die Kohle einmal durchgeglüht und mit weißer Asche bedeckt, kann mit dem Lüftungsschieber in der Säule die Sauerstoffzufuhr geregelt werden. So lässt sich die Hitzeentwicklung einfach regeln (siehe nebenstehende Bilder).

Nach dem Grillen kommt das QuickStop-System zum Einsatz. Der gelochte Rost, der beim Zünden für Frischluft sorgte, wird entfernt und die Asche fällt in das Kaminrohr. Am unteren Ende des Kaminrohrs sitzt ein mit Wasser gefüllter Behälter, der abgenommen werden kann und dann einfach mit der Asche zusammen ausgegossen wird. Dieser Behälter ist bei manchen Modellen im Fuß integriert und sorgt durch sein Gewicht zusätzlich für sicheren Stand (siehe folgende Bilder).

Beim Master sorgt ein schwenkbarer Kamin mit aufgesetzter Wanne für die Befeuerung einer großen, massiven Gusseisenplatte. Dank dieser Schwenkunktion steht eine große Fläche zum Grillen und Braten zur Verfügung. Wahlweise kann der Grillrost aus Gusseisen auch durch einen Wok, ebenfalls aus Gusseisen, ersetzt werden. So bietet sich die Möglichkeit, bei gleichzeitigem Grillen auf der vorgeheizten Platte die asiatische Küche und Pfannengerichte in das Menü einzubeziehen. Mit einem Wok ist es möglich, im heißen Wok-Boden scharf anzubraten und an den kälteren Randzonen fertig zu garen. Grillrost oder Wok stecken dabei auf einer verschraubten Edelstahlstange, auf der sie sich durch ihr Gewicht verkanten und so stufenlos höhenverstellbar und um 360° schwenkbar sind.

Die schwenkbare Säule des Masters, hier unter dem gusseisernen Rost eingerastet.

Asiatisch Grillen: Der Master mit Wok.

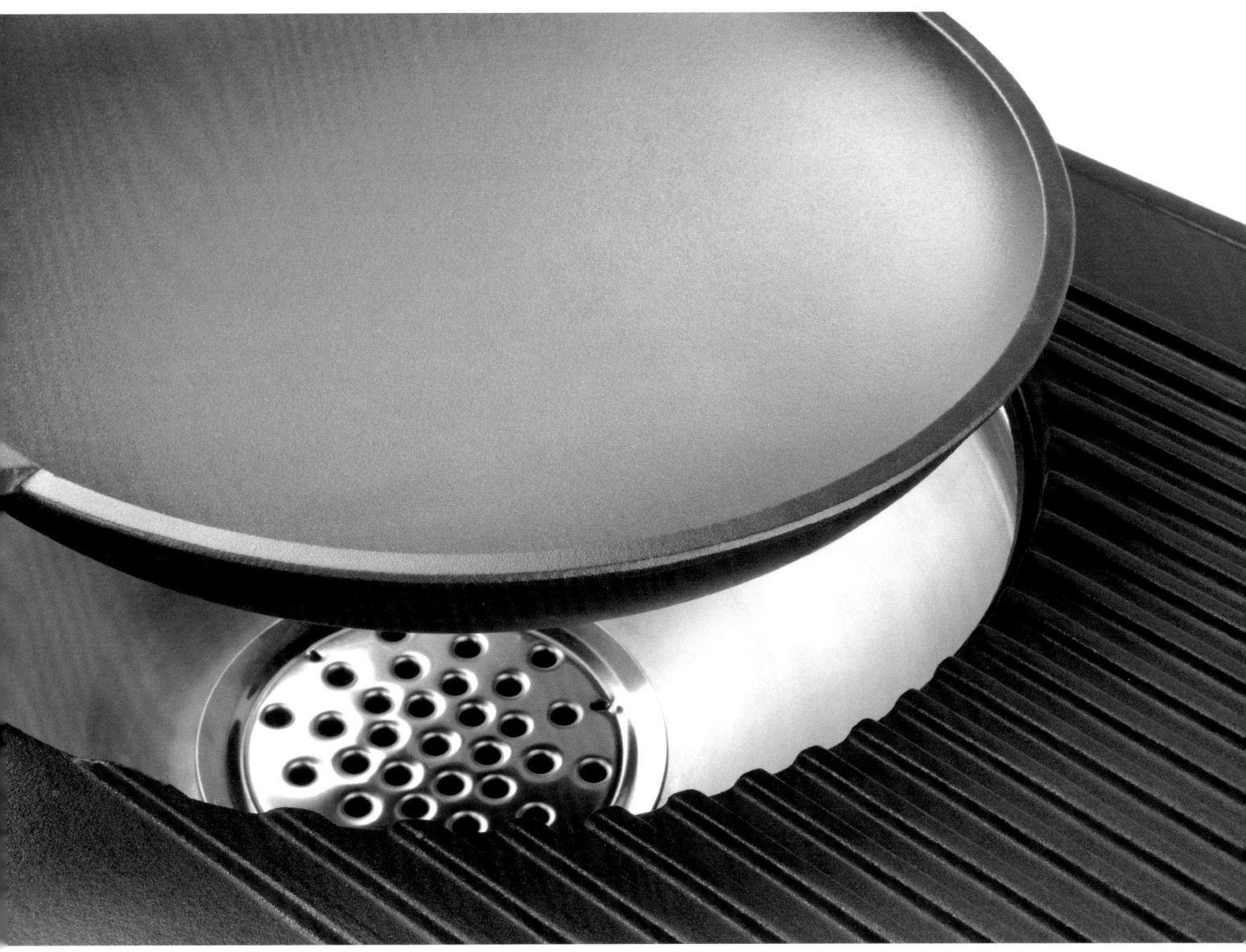

Unter den Wok geschwenkt bietet die Kohlewanne ideale Hitze.

Ist die massive Gussplatte erst einmal aufgeheizt, kann man auf ihr Speisen garen und warmhalten und gleichzeitig Wok oder Rost direkt daneben nutzen. Die Platte speichert dabei die Hitze und gibt sie nach und nach an das Gargut ab. Bratensäfte sammeln sich durch die sich absenkende Oberfläche in einer Ecke und laufen dort durch eine Öffnung in ein Gefäß.

Hebel zum leichten Verstellen der Säule, eingerastet in der Holztraverse.

Geniales Detail: das Fettablaufsystem auf der Gusseisenplatte.

Die Platte sitzt in einem Rahmen aus wetterbeständigem Cambara-Hartholz. Edelstahlhalterungen zwischen Holz und Metall sorgen für sicheren Sitz und ausreichend Abstand zur Gusseisenplatte und beugen so Verbrennungen am Holz vor. Der Ablagetisch kann direkt am Grill stehen oder auch einzeln aufgestellt werden. Die schon fast filigrane, elegante Erscheinung macht diesen Grill zum Highlight auf jeder Terrasse.

In der rechten Position lässt sich die schwere Gusseisenplatte vorheizen, die kann später zum Warmhalten dienen.

Keramik-grill

Die Geschichte des Big Green Eggs lässt sich über 3.000 Jahre bis in das frühe China zurückverfolgen. Japaner haben diese Technik dann übernommen und den Keramikgrill Kamado genannt. Das bedeutet „Feuerplatz" oder „Ofen". In den Jahren nach dem 2. Weltkrieg haben Tausende amerikanischer Soldaten diesen „Barbeque-Smoker" entdeckt und nach Nordamerika gebracht. Bei diesen Grills handelt es sich um komplette Outdoorküchen, die für alle gängigen Grillarten bestens geeignet sind und das ganze Jahr über betrieben werden können.

Keramikgrill Big Green Egg

Der Clou dieser Eier ist: Ihre Keramikwände speichern Wärme besonders effektiv. Das sorgt für gleichmäßige und homogene Hitze – perfekt für alles, was lange gegrillt werden muss. Ein Keramikgrill dieser Bauart wird mit äußerst wenig Holzkohle über viele Stunden auf der gewünschten Temperatur konstant gehalten. Mithilfe des Zuluftschiebers und der verstellbaren gusseisernen Abluftregulierung lässt sich

Ein Schmuckstück für sich: Die abnehmbare gusseiserne Abluftregulierung.

Die mobilen Grills

Das Einzige, was schöner ist als Grillen, ist Grillen in schöner Umgebung. Sicher – viele Griller haben schöne Gärten, Terrassen und Balkone, aber in einer außergewöhnlichen und nicht alltäglichen Umgebung zu grillen birgt ganz neue Reize und Herausforderungen. Um sein Hobby mit in den Park, an den See oder auf die Reise nehmen zu können, gibt es praktische Mobilgrills, die es an nichts fehlen lassen.

Mobile Grills sind auf gute Transportfähigkeit und flexible Einsatzmöglichkeiten hin konzipiert. Sie sind unabhängig von Strom und schweren Gasflaschen und mit wenigen Handgriffen grillbereit. Mit ihrer Hilfe wird jedes Picknick zu einem besonderen Erlebnis.

Cobb Premier

Der Cobb Premier

Der Cobb-Grill ist eine südafrikanische Erfindung, aus der Idee entstanden, einen effektiven und transportablen Grill zu bauen. Es sollte ein flexibler, leichter und überall einsetzbarer Kohlegrill sein und nach 18 Monaten der Entwicklung kam 1998 das erste Modell auf den Markt.

Nach ersten Erfolgen in Südafrika und der Ernennung zur besten Erfindung des Jahres in der „Times" begann man, in den Rest der Welt zu exportieren.

Im hitzeisolierenden Gestell befindet sich die Innenschale, die hauptsächlich aus einer Saftrinne und einer Aufnahme für den Kohle- oder Brennkorb besteht.

Deckel und Grillplatte

Brennkorb und Topfständer

Gestell

Grillplatte

Schale

Brennkammer

Rinne

Fuktionsschema des Cobb Grills.

Die Außenschale bleibt beim Grillen kalt.

In diese Aufnahme wird ein Brennkorb gesetzt, der wiederum mit Kohlebriketts gefüllt wird. Diese Hitzequelle dient dazu, den Garraum auf einer konstanten Temperatur von 280 °C bis 300 °C zu halten.

Innenschale mit Zuluftlöchern

Die Belüftung erfolgt durch Öffnungen in Boden und Deckel und ist nicht regelbar. Die Garraumtemperatur wird nur durch die Kohlemenge reguliert.

Alternativ kann hier der sog. **Cobblestone** verwendet werden, ein spezieller Kohlezylinder, der genau in den Brennkorb passt und ohne Hilfsmittel wie Anzündwürfel angesteckt werden kann. Durch die spezielle Imprägnierung reicht ein einfaches Feuerzeug aus. Nach zwei Minuten ist er durchgeglüht und grillbereit.

Eingesetzter Brennkorb

Cobblestone-Brikett

Als Rost dient eine Grillplatte aus antihaftbeschichtetem Stahl. Sie ist im Bereich des Brennkorbs geschlossen. Es wird also indirekt gegrillt. Qualm und Fettbrand werden vermieden, weil keine Bratensäfte in die glühenden Kohlen tropfen können. Der Saft läuft durch Bohrungen am Rand der Grillplatte in die darunterliegende Saftrinne und kann z. B. für die Soße verwendet werden. Gleichzeitig kann auch Gemüse als Beilage gegart werden, da die Temperaturen in der Saftrinne niedriger sind als im eigentlichen Garraum.

Möchte man einen Braten o. Ä. grillen, muss die Hitze von der Grillplatte entkoppelt werden. Das geschieht mithilfe eines Bratenrosts, der in die Bohrungen der Grillplatte einrastet und so den direkten Kontakt von Gargut und heißer Grillplatte verhindert. Wie bei fast allen anderen Grills sollte der glockenförmige Deckel aufgesetzt werden, da Umluftgaren sonst nicht möglich ist. Der Handel bietet als Systemzubehör auch noch Pfanne, Wok und Griddle-Platte an. Damit kann man unterwegs, beim Camping oder auch auf dem Boot, fast alles zubereiten.

Der Grillrost mit geschlossenem Zentrum gegen Fettbrand

Cobbpfanne

Generell ist die Saftrinne immer mit etwas Wasser oder einer anderen Flüssigkeit zu füllen, um das Grillgut saftiger zu halten. Ein Glas Wein zum Beispiel wirkt Wunder!

Durch einen Ring, der als Erhöhung benutzt wird, vergrößert sich der Garraum nach oben. So kann man auch einen Geflügelhalter nutzen.

Cobbgriddle-Platte aus Aluminium

Da der Cobb an der Unter- und Außenseite kalt bleibt, kann er sowohl auf einem Tisch betrieben als auch während des Grillens getragen werden.

Tragetasche für Transport und Aufbewahrung

Weber Q120 Blackline

Weber Q120 Blackline.

Kompakt, leicht und wahlweise mit Gaskartusche oder Gasflasche in Betrieb: Der Weber Q120 Blackline ist ein klassischer Vertreter der Gasdirektgrills für den mobilen Einsatz.

Primär ist er für Kartuschenbetrieb vorgesehen. Allerdings lassen sich mit einem im Zubehör erhältlichen Umrüst-Set (Schlauch mit Druckminderer und Verbindungen) auch 5- und 11-Kilo-Gasflaschen anschließen. So lässt sich der Grill auf Terrasse oder Balkon auch mit den wesentlich kostengünstigeren Gasflaschen befeuern. Zum Grillen mit Kartusche wird diese einfach aufgeschraubt und sitzt sicher in einem dafür vorgesehenen Haltekorb hinter dem Regelventil.

Der Q120 in geschlossenem Zustand.

Da der Grill nur im oberen Bereich heiß wird, kann man ihn auf jeden Tisch stellen, ohne dass dieser Schaden nimmt. Im Handel ist auch ein spezieller Rollwagen erhältlich, der zusammengeklappt werden kann und als eine Art Trolley als Transporthilfe dient.

Das wannenförmige Gehäuse und der Deckel bestehen bei diesem Grill aus Aluminium. Eingesetzt in einen glasfaserverstärkten Nylonrahmen sorgt dies für Hitze und Wetterbeständigkeit.

Das Flammenbild wird durch einen Edelstahlbrenner erzeugt, der ringförmig im Gehäuse sitzt und durch ein stufenlos regelbares Brenner-

ventil an der Vorderseite des Grills angesteuert wird. Gezündet wird er mithilfe der batteriebetriebenen elektronischen Zündung auf Knopfdruck.

Wie die großen Gasgrills verfügt auch der Q120 über ein Fettleitsystem, das Flüssigkeiten wie Bratensäfte oder Marinadenreste in einer herausnehmbaren Aluminiumschale sammelt und so leicht entsorgen lässt.

Weil der sonst offene Grillrost im Bereich über dem Ringbrenner geschlossen ist, wird verhindert, dass Flüssigkeiten in die Flammen tropfen und Fettbrand entsteht.

Zum Transport mit eingeklappten Tablaren.

Der herausnehmbare Grillrost selbst ist aus Gusseisen und dementsprechend massiv. Daran liegt es, dass der Q120, wie alle Grills aus dieser Reihe, in der Lage ist, mit relativ wenig Energie eine gleichmäßige und hohe Hitze zu erzeugen und zu halten. Die Masse des Rosts dient als Puffer und sorgt für eine einheitliche Temperatur auf der gesamten Grillfläche, auf der alles gelingt, was direkt grillbar ist. Mithilfe des als Zubehör erhältlichen Bratenkorbs, der die direkte Hitze des Rosts entkoppelt, ist es sogar möglich, Braten oder ganze Geflügel zu grillen.

Um die Mobilität zu unterstreichen und weil man unterwegs nicht immer Ablageflächen zur Verfügung hat, sind auf beiden Seiten des Q120 klappbare Tablare mit Besteckhaken angebracht. Diese können zum Transport nach innen umgelegt werden und machen den Grill handlicher.

Napoleon Travel Q

Dank einklappbarer Beine und kalter Geräteunterseite kann der Travel Q auf fast jeder Oberfläche betrieben werden.

Funktionalität und eine transportfreundliche und platzsparende Konstruktion standen bei der Entwicklung des Travel Q von Napoleon an erster Stelle. Er lässt sich leicht zu einem Picknick mitnehmen, ohne dass man dabei auf einen gewissen Grillkomfort verzichten muss. Als klassischer Direktgrill kann auf ihm im Prinzip alles gegrillt werden, was unter den Deckel passt. Ideal ist er natürlich für Steaks, Würstchen und Spieße aller Art. Hier kann dieser Grill den Vorteil seiner großen Grillfläche und der Hitzeleitfähigkeit des gusseisernen Rosts ausspielen.

Der Klapptisch sorgt für eine angemessene Arbeitshöhe.

Der Travel Q hat einklappbare Beine, einen verriegelbaren Griff und zusätzliche Standfüße an der Geräterückseite. Das sowie sein geringes Eigengewicht ermöglichen eine Lagerung auf engem Raum und den einfachen Transport, vergleichbar mit dem von Tasche oder Koffer. Ebenfalls auf der Rückseite wird ein Behälter aus Kunststoff eingeklickt, der groß genug ist, um Messer, Gabeln und andere Kleinutensilien aufzunehmen. Durch den Überwurfverschluss am Griff wird verhindert, dass der Grill beim Tragen aufklappt. Über eine Feder an der inneren Deckelfront und Halteklammern im hinteren Bereich wird der Grillrost bei aufrechter Lage in seiner Position gehalten und kann nicht hin- und herwackeln.

Der Grillrost ist aus schwerem Gusseisen gefertigt und garantiert so eine gleichmäßige Hitzeverteilung auf der gesamten Grillfläche. Außerdem entstehen schöne Grillmuster, sog. Brandings, auf dem Grillgut. Die Bereiche direkt über dem Brenner sind geschlossen. So können Fett und Bratensäfte nicht in die Flammen tropfen und Fettbrand wird vermieden.

Der Gussrost ist direkt über dem Brenner geschlossen.

Als Energiequelle dient dem Travel Q eine Einweg-Gaskartusche, die nur eingeschraubt werden kann, wenn der Grill aufgebaut ist. Das verhindert den Transport mit montierter Kartusche und macht den Grill dadurch sicherer. Der Gasfluss (und damit die Temperatur des Grills) wird mittels eines stufenlos einstellbaren Regelventils gesteuert, das das Gas in den ringförmigen Edelstahlbrenner strömen lässt.

Dort wird es von einem elektrischen Funken gezündet, der durch einen Druck auf den Piezo-Zünder ausgelöst wird.

Zündeinheit an der Geräterückseite; durch die Öffnung im Boden ist die Fettschale zu sehen.

Unter dem Brenner, am Gehäuseboden, befindet sich eine große Öffnung, die ablaufende Flüssigkeiten in die darunterliegende, herausnehmbare Fettauffangschale leitet. Das Gehäuse und der Deckel sind aus wetter- und hitzefest beschichtetem Stahlblech hergestellt und tragen durch ihre Leichtbauweise zum geringen Gewicht des Travel Q bei.

Im Betrieb bleibt die Unterseite des Grills kalt. Er kann auf Tischplatten oder ähnlichen Oberflächen genutzt werden, ohne diese zu verbrennen. Als optionales Zubehör bietet der Fachhandel aber auch einen klappbaren Tisch an. Dieser gibt dank spezieller Mulden in der Oberfläche den Beinen des Travel Q sicheren Halt und sorgt für eine bequeme Arbeitshöhe.

Edelstahlringbrenner, Fettwanne und Zündeinheit am Gehäuseboden.

Zusammengeklappt lässt sich der Travel Q leicht mit einer Hand transportieren.

Der Tischgrill: Barbecook Amica

Tischgrill Barbecook Amica

Gelangweilt von Fondue und Raclette? Kein Problem, für alles gibt es einen Grill – selbst für das gesellige „um die Kochstelle sitzen und jeder macht sein Essen selbst".

Hierfür eignet sich der Amica von Barbecook. Er ist ein Tischgrill, der durch seine Konstruktion und Befeuerungsart mitten auf dem Esstisch seinen Platz findet und alle Beteiligten gleichermaßen zu Grillern macht.

Holzuntergestell mit Schälchen und Zwischenplatte

Die Außenwanne aus Keramik verbirgt ein Innenleben, das nahezu rauchfreies Grillen über Kohlechips ermöglicht, die aus Bambus hergestellt werden. Dieses Innenleben besteht im Wesentlichen aus einer Innenschale aus Edelstahl und einem Kohlerost aus verchromtem Stahl. In diese Innenschale gibt man ein spezielles Anzündgel, dann wird der Kohlerost eingelegt und mit den Bambuschips befüllt. Zündet man

das Gel in der Schale nun an, beginnen die darüber liegenden Chips zu glühen. Wenn das Gel komplett verbrannt ist und die Chips durchgeglüht sind, wird die Innen- in die Außenschale eingesetzt. Diese wird, um die Hitzeleitung nach unten zu unterbrechen, mit etwas Wasser gefüllt. Sie wird an der Außenseite allenfalls warm, aber nicht heiß, und ist dadurch ungefährlich.

Keramikaußenwanne mit Schale und Wasser

Keramikaußenwanne mit Kohlerost mit Bambuskohle

Obenauf findet der eigentliche Grillrost seinen Platz, der wahlweise auch mit einer emaillierten geschlossenen Grillplatte abgedeckt werden kann. Damit kann man z. B. auch klein geschnittenes Gemüse grillen, ohne dass etwas davon in die Kohlechips fällt.

Da der Amica ein Grill ohne Deckel ist, sind Braten etc. nicht machbar. Für dünn geschnittene Steaks, Gemüse, Shrimps und Spießchen aller Art sind seine Grillfläche und -temperatur aber bestens geeignet. Mit einer Kohlefüllung hält die Temperatur für rund eineinhalb Stunden Grillspaß, wobei sie im letzten Drittel langsam abfällt. Durch Anheben des Grillrosts mit einem speziellen Heber kann man aber leicht etwas Kohle nachfüllen und so die Grilldauer verlängern.

Grillrost und Grillrostheber

Mit dem als Systemzubehör erhältlichen Karussell, einer Standplatte mit drehbarem Ring und sechs Porzellanschälchen, die darin Platz finden, ist der Amica ein kleiner und kommunikativer Tischgrill. Er bietet jedem Beteiligten die Möglichkeit, seine Speisen individuell zu grillen.

Der Amica mit geschlossener Grillplatte

Elektro-grill

Die Wohnsituation in den Städten ist mitunter recht eng und nicht jeder ist dem Grillen so zugetan wie der Griller selbst. Deshalb gibt es in vielen Wohnanlagen Auflagen und Verbote, das Kohle- und Gasgrillen betreffend. Um nicht völlig auf sein Grillvergnügen zu verzichten, bleibt dann nur noch der Griff zu einem der extrem raucharmen Elektrogrills.

Diese Geräte sind klein und handlich und lassen sich meist mit wenigen Handgriffen in Betrieb nehmen. Durch das geringe Gewicht lassen sie sich nach dem Grillen leicht verstauen. Da die Unterseite meist kalt bleibt, können sie auf Tischplatten genutzt werden. Alles, was dann noch zusätzlich gebraucht wird, sind eine Steckdose und natürlich das Grillgut.

Elektrogrill Barbecook Hercules

Grillplatte im verchromten Transportrahmen

Ein Elektrogrill, der sich das Prinzip der Kontakthitze zunutze macht, ist der Hercules der belgischen Grillschmiede Barbecook. Hier wird nicht auf einem Rost über elektrischen Heizschleifen gegrillt, sondern auf einer gusseisernen Wendeplatte, die über ein Induktionsfeld auf Temperatur gebracht wird. Diese Art Kochfeld erwärmt metallisches eisenhaltiges Kochgeschirr durch induktive Wirbel- oder Foucaultströme und macht den Hercules drei mal kräftiger als herkömmliche Elektrogrills. In Form eines magnetischen Wechselfelds wird die so erzeugte Energie auf das Kochgeschirr übertragen und in Wärme umgewandelt.

Bedingung für diese äußerst effiziente Erhitzungsweise ist ein magnetisierbarer Boden, beispielsweise aus Gusseisen, Emaille oder einem eisenhaltigen Material. Glas, Kupfer, Keramik und Aluminium sind nicht magnetisch und können deshalb nicht verwendet werden.

Deshalb ist die Grillplatte dieses Balkongrills aus massivem Gusseisen gefertigt. Sie eignet sich zum einen also optimal für Induktion und speichert zum anderen die Hitze so gut, dass zu jeder Zeit die volle Leistung abgerufen werden kann. In ein verchromtes Transportgestell eingesetzt, liegt die Platte passgenau auf dem Induktionsfeld auf und lässt sich zur Seite verschieben. So kann man nur eine Hälfte der Platte erhitzen und ist durch die so entstehenden verschiedenen Hitzezonen flexibler in der Anwendung. Als besonderes Highlight ist die Gussplatte als Wendeplatte ausgebildet. Eine Seite ist glatt (z. B. für Pfannkuchen oder Spiegeleier), die andere Seite hat eine Riffelstruktur. Mit ihr sind schöne Grillstreifen, also die fürs Grillen typischen **Brandings**, möglich. Das macht es

dem Hercules möglich, die volle Bandbreite des direkten Grillens zu bedienen – und das nach nur maximal fünf Minuten Aufheizzeit.

Die Induktionsplatte kann natürlich auch als ganz normales Kochfeld genutzt werden und zum Erhitzen von Pfannen und Töpfen dienen. Voraussetzung ist natürlich, dass die Töpfe induktionsgeeignet sind – sonst bleiben sie kalt. Der besondere Clou ist, dass die Induktionsplatte aus dem Rollwagen entnommen werden kann, und so in der Küche den Herd ergänzt. Mit der Gussplatte zusammen ist sie sogar drinnen als Tischgrill verwendbar, denn die Unterseite erhitzt sich nicht.

Der Hercules bietet also gleich drei Funktionen in einem Gerät:

- Grill mit Wendeplatte
- Kochplatte im Rollwagen
- Tischelement für drinnen und draußen

Hightech am Grill: Induktion sorgt für schnelle und kräftige Hitze.

Die Temperaturregelung erfolgt über Tasten und kann in Stufen oder gleich in der gewünschten Gradzahl eingestellt werden. Dabei ist auf einer LED-Anzeige jederzeit die eingestellte Stufe oder Temperatur abzulesen. Diese Unkompliziertheit und seine vielfältigen Anwendungsmöglichkeiten machen diesen Elektrogrill nicht nur zu einem ganz besonderen Begleiter für Balkon und Terrasse. Er ist auch ein sinnvolles Zubehörteil in der Küche oder am Esstisch.

Bedienelement mit LED-Anzeige

Smoker und Holzbacköfen

Smoker und Holzbacköfen sind, mit Ausnahme der Wassersmoker, die absoluten Schwergewichte unter den BBQs. Schamottsteine, Gusseisen und dicker Stahl sind die Zutaten für diese massiven und nahezu unzerstörbaren Geräte. Sie kommen hauptsächlich für große Braten, Gebäck und klassische BBQ-Gerichte zum Einsatz. Mit Holzscheiten befeuert und nur durch Luftströme zu regeln ist die Arbeit mit Smokern und Holzbacköfen ebenso urtümlich wie trickreich. Sie erfordern einiges an Vorbereitung und Aufmerksamkeit während des Betriebs. Dafür belohnen sie ihren Bediener mit dem Gefühl, seine Massen zu beherrschen und durch den richtigen Umgang mit Eisen, Stein und Feuer etwas besonders Köstliches zu zaubern.

Wer einmal gut gemachte Spareribs aus dem Smoker gegessen hat, deren Fleisch von selbst vom Knochen fällt, wird in keinem Biergarten jemals wieder zu Ribs greifen. Mit einem solchen Gerät und den damit möglichen Köstlichkeiten ist man der Star im Viertel.

Farmer FG 50, FG 90 und Lok

Eine besondere Rolle in der Barbecue-Szene spielen die großen Öfen – die sogenannten **BBQ-Smoker**. Eine große Palette vom Einsteiger- bis zum Gastro- und Profimodell bietet der deutsche Hersteller Farmer Grill. Jedes Stück ein Unikat und von Hand geschweißt, haben diese BBQ-Smoker genau die richtige Dimension, um mit wenig Brennstoff zuverlässig zu funktionieren. In diesen archaisch anmutenden Geräten wird in der seitlichen Feuerbox ein richtiges Holzfeuer entfacht. Seine warme rauchige Luft strömt in die geschlossene Garkammer, in der Fleisch

Der riesige Garraum des FG 90.

Gegengewichte erleichtern das Öffnen der Klappendeckel.

oder andere Zutaten auf einem Rost gegart werden. Ein Kamin am anderen Ende der Garkammer leitet Wärme und Rauch nach oben ab und sorgt dafür, dass ein Sog entsteht. Gelöste Fette und Bratensäfte fließen durch eine Öffnung in einen Fetteimer, der unter dem Smoker aufgehängt ist.

Die Hitze im BBQ-Smoker lässt sich durch verschiedene Maßnahmen regulieren: So entscheidet bereits die Wahl des Holzes oder auch der

Kohle (wenn es weniger rauchig schmecken soll), wie heiß das Feuer brennt. Ein großes Feuer erzeugt natürlich mehr Hitze als ein kleines. Über die Lüftungsklappen an der Feuerbox und am Kamin kann reguliert werden, wie viel Hitze in die Garkammer strömt. Das Gleiche gilt für die Intensität des Rauchs, der im Smoker – der Name verrät es bereits – eine entscheidende Rolle spielt.

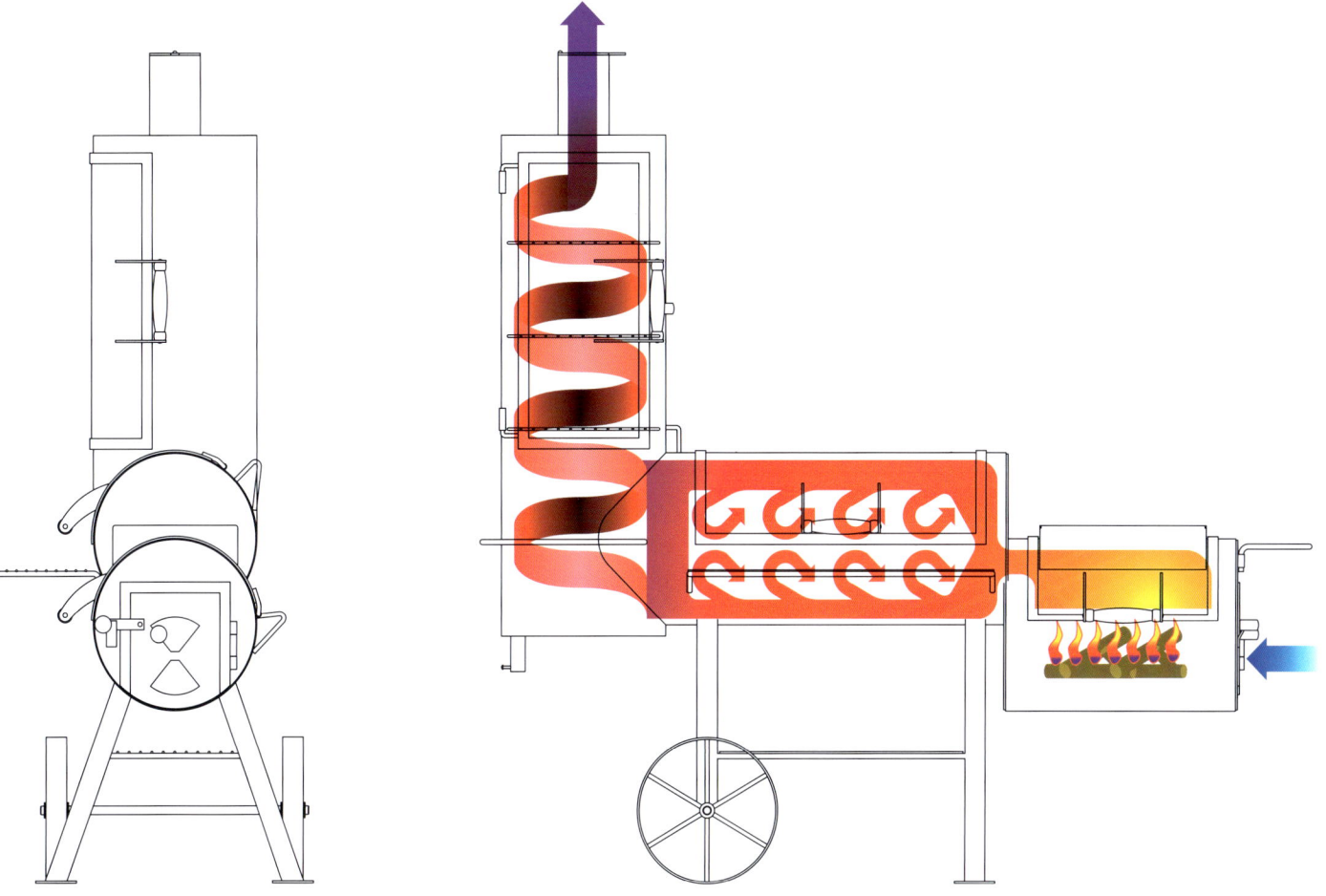

So funktioniert ein Smoker, hier ein besonders luxuriöses Modell mit Räucherkamin.

Um beim BBQ den typischen Rauchgeschmack zu erhalten, sollten möglichst aromatische Hölzer verwendet werden. Besonders mild und eher zurückhaltend im Rauchgeschmack sind beispielsweise Fruchthölzer wie Wildkirsche, etwas herzhafter dagegen ist Walnussholz, das sich für Fleisch wie Rind, Bison, Wild oder Strauß empfiehlt.

Das in Europa weitverbreitete Holz von Buche und Eiche ist fürs Barbecue ebenfalls sehr gut geeignet, preiswert und überall verfügbar.

In den USA werden zum Barbecue vor allem Mesquite und Hickory verwendet – Nussbaumarten, die in den dortigen Supermärkten bereits fertig gehackt und getrocknet angeboten werden.

185

Die Feuerbox, komplett geöffnet ...

... und ganz geschlossen

Über der Feuerbox kann ein Kessel aufgehängt werden.

Ungeeignet sind Nadelhölzer. Sie sind zu harzig, und eignen sich daher nicht zum Smoken.

Um große Hitze zu erreichen, verwendet man Holz mit hohem Heizwert, beispielsweise Eichenholz. Um den Rauch zu intensivieren, werden sowohl die Lüftungsklappen als auch die Feuerbox geschlossen. Aufgrund der geringen Luftzirkulation bleibt die Temperatur niedrig und es entsteht sehr viel Rauch.

Mit einem guten Smoker ist man in der Lage, mit verschiedenen Temperaturzonen und Garmethoden zu arbeiten.

Für das sogenannte „Warmräuchern" liegt die Idealtemperatur bei 60 °C bis 90 °C. Je tiefer die Temperatur ist, desto länger kann das Grillgut geräuchert werden. Fisch und Fleisch eignen sich dazu besonders gut.

Soll das Grillgut dagegen nur einen dezenten

Der Fetteimer sorgt für die einfache Reinigung.

Rauchgeschmack erhalten, bleiben der Deckel der Feuerbox und die Lüftungsklappen offen. Bei Verwendung hochwertiger Holzkohle hingegen entsteht fast gar kein Rauch und somit auch kein Rauchgeschmack. Holzkohle wird deshalb vor allem bei sehr langen Kochzeiten verwendet. Nur zu Beginn und am Schluss wird dann etwas Holz (oder „Smoking Chips" = aromatische Holzspäne) auf die Glut gegeben, um das Fleisch mit dem entstehenden Rauch zu „würzen".

Eine weitere Methode ist das Niedrigtemperatur-Smoken. Die Vorteile dieser Garmethode liegen auf der Hand: Das Fleisch muss nicht mehr überwacht oder gewendet werden, da es bei circa 90 °C bis 120 °C rundherum gleichmäßig gegart wird. Die räumliche Trennung von Feuerbox und Garkammer verhindert, dass Fett oder Fleischsaft in die Glut tropft. Diese Form des Barbecues macht wenig Arbeit und schmeckt ausgezeichnet. Vor allem große Fleischstücke lassen sich auf diese Weise gut zubereiten, da diese Grills oft über sehr große Grillflächen verfügen.

Wird richtig eingeheizt und der Smoker auf eine Garraumtemperatur von 200 °C gebracht, ist es möglich zu backen, zu braten oder zu schmoren. Die Lüftungen werden dann voll geöffnet und der Smoker wird zum Heißluftofen.

Der Feuerboxdeckel hat neben der verwendeten Holzsorte die wichtigste Funktion bei der Beeinflussung des Rauchgeschmacks. Je mehr Luft zum Feuer gelangt, desto mehr Feuer entsteht, die Hitze wird erhöht und das Feuer raucht weniger. Lässt man den Feuerboxdeckel offen, verliert man einen Teil der Hitze, erhält aber bei der richtigen Menge Holz und bei einem guten Feuer die optimale Temperatur zum Barbecuen. Dafür sorgen die Konstruktion des Smokers und die Stahldicke, die die Hitze gut speichern und in die Garkammer, den sogenannten **Pit**, leiten.

Bei einem offenen Feuerboxdeckel hat der Smoker immer genügend Luft, der größte Teil des Rauchs geht direkt nach oben und nur sparsam in die Hauptgarkammer. Sobald der Feuerboxdeckel geschlossen wird, erhöht sich die Temperatur. Die ganze Hitze, der Holz- und der Rauchgeschmack zirkulieren um das Grillgut.

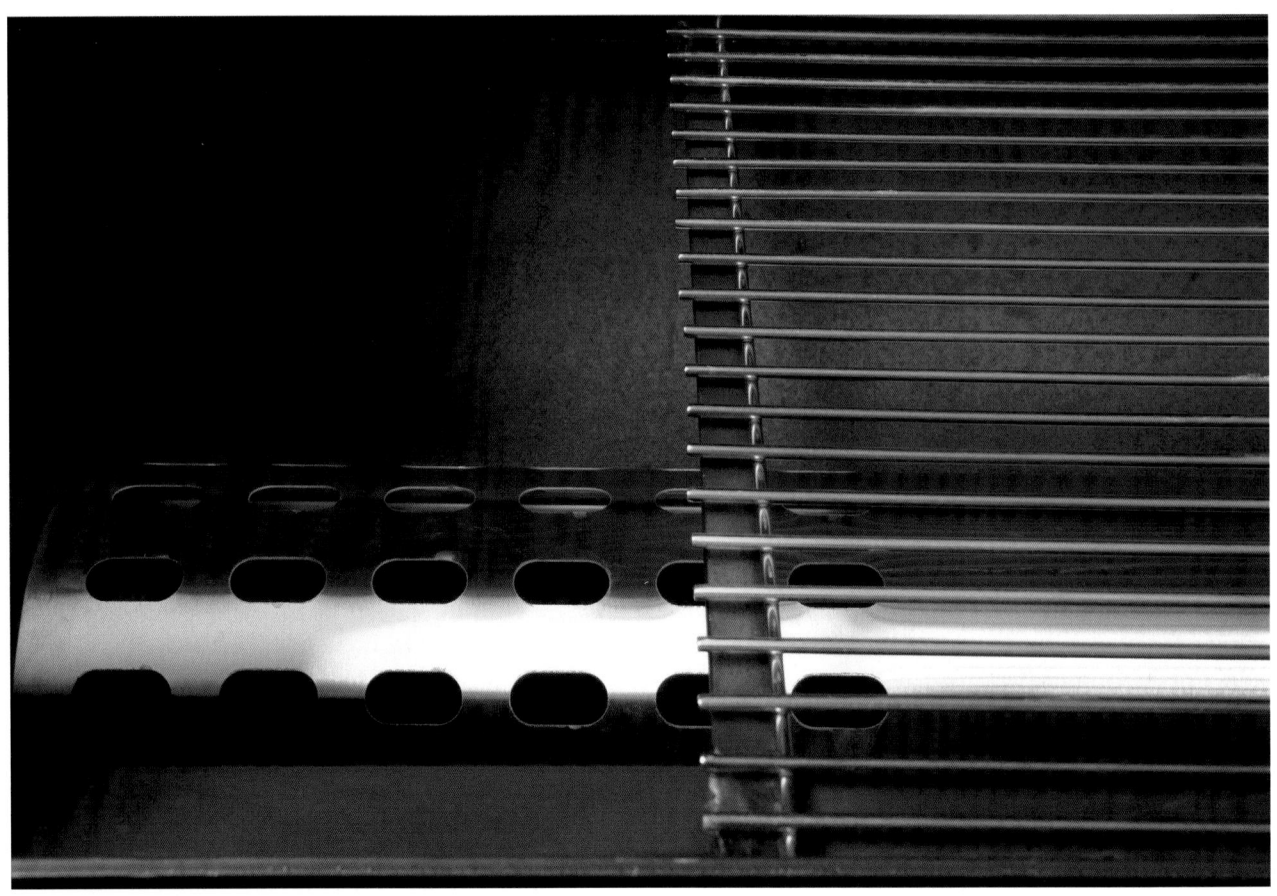

Durch ein Edelstahlrohr wird die Hitze gut verteilt.

VIEL ODER WENIG RAUCHGESCHMACK?

Die Kochzeit hat auch einen großen Einfluss auf den Holz- und Rauchgeschmack. Bei Kurzgegartem, z. B. Würstchen, ist die Geschmacksbeeinflussung durch die Holzsorte relativ gering. Bei einem Truthahn, der, je nach Größe und Pit-Temperatur, bis zu 6 oder 8 Stunden im Smoker bleibt, ist die Holzsorte wichtig. Liebhaber der Niedrigtemperaturmethode bei 90 °C bis maximal 120 °C verwenden gern auch Holzkohle und fügen mit aromatischem Holz nur zeitweilig kontrolliert den gewünschten Holzgeschmack hinzu.

Generell gilt: Je länger die Garzeit und je tiefer die Gartemperatur sind, desto besser bleiben die Feuchtigkeit und der natürliche Geschmack im Grillgut und um so mehr Holzgeschmack kann das Grillgut aufnehmen.

Bevor ein Barbecue-Smoker zum ersten Mal eingeheizt wird, sollte er zuerst eingebrannt werden. Der neue Kohlenstoffstahl, aus dem der Smoker gefertigt wurde, ist ein offenporiges Material, das zuerst mit Rauch und Ruß beschichtet werden muss. Wenn das Innere des Smokers pechschwarz ist, ist er gut vorbereitet. Normalerweise dauert dies etwa 1-2 Stunden.

Bei diesem Vorgang werden die Poren im Stahl mit Ruß versiegelt. Dieser Ruß verbindet sich mit der Feuchtigkeit aus dem Brennholz und so entsteht eine natürliche Patina. Idealerweise sollte sich die Temperatur beim Einbrennen innerhalb des Barbecue-Bereichs bewegen, also bei ca. 120 °C bis 140 °C liegen. Mit dem ersten Einfeuern zieht zudem die feuerfeste Farbe von außen in den Stahl ein. Dadurch wird der Smoker-Stahl zusätzlich gegen Wettereinflüsse von außen geschützt. Bei zu hoher Temperatur während der ersten Benutzung kann sich die Farbe vom Stahl lösen und Blasen bilden.

Die Reinigung eines Smokers ist denkbar einfach und mit wenigen Handgriffen erledigt. Die Feuerbox wird nach dem Erkalten ausgefegt.

Garturm mit Rundrosten bei geöffneter Tür

Farmer FG 50 mit 6,2 mm Materialstärke.

Fertig zum Einbrennen.

Das ist nötig, weil durch chemische Prozesse aus Feuchtigkeit und Asche ein Salz gebildet wird, das die Metalloberflächen angreift. Der Garraum wird einfach mit warmem Wasser, Bürste und Schwamm ausgewaschen.

Sollten sich durch die Witterung einmal Roststellen bilden, was bei solchen Geräten durchaus vorkommt, können sie mit einer Drahtbürste schnell entfernt werden. Die entrostete Stelle wird dann einfach mit einem speziellen Ofenlack nachlackiert und ist so wieder bestens geschützt. Ein ernsthafter Schaden durch Rost

Thermometer zur Temperaturkontrolle im Garturm, rechts im Bild die Steuerung für die Abluftklappe.

oder gar Durchrosten ist durch die große Materialdicke der Farmersmoker unmöglich und macht diese Grills zu lebenslangen Begleitern.

Große Farmerlok, ein Highlight für jeden Garten.

Napoleon Apollo

Eine gewichtsmäßig weitaus leichtere, aber nicht weniger wirkungsvolle Variante der Smoker sind die sogenannten **Wasser-** oder **Bulletsmoker.** Diese BBQ-Grills sind kohle- oder gasbetriebene Indirektgrills und bestehen, anders als die schweren, aus dickwandigem Stahl gefertigten Offsetsmoker, meist aus emailliertem Stahl, wie er auch bei Kugelgrills Verwendung findet. Da sie dieses Fehlen der Eigenmasse aber empfindlich für Schwankungen der Außentemperatur, Wind und Regen macht und eine konstant niedrige Innentemperatur schwierig zu halten wäre, brauchen sie einen anderen Temperaturspeicher. Dieser Speicher gibt dem Wassersmoker seinen Namen, denn er besteht aus Wasser. Wasser in einem Grill klingt seltsam, erfüllt aber absolut seinen Zweck. Da es sich wesentlich träger gegenüber Temperaturänderungen verhält als Luft, kühlt es auch langsamer ab. So hat der Griller genug Zeit, Brennmaterial nachzulegen oder die Ventile neu einzuregeln. Gleichzeitig erzeugt

der Wasserdampf eine höhere Luftfeuchtigkeit im Smoker und hält das Gargut saftiger.

Ein besonders vielseitiges Gerät ist der Apollo des kanadischen Herstellers Napoleon, der durch seine modulare Bauweise eine Vielzahl von Verwendungsmöglichkeiten bietet. Mit seinem Durchmesser von 57 cm bietet er viel Grillfläche, ist aber durch seine Konstruktion der übereinanderliegenden Grillroste sehr platzsparend.

Als Basis dient immer die untere Halbkugel. Sie steht auf drei Standfüßen und verfügt über drei

Zuluftventile, mit denen die Sauerstoffzufuhr und damit die Garraumtemperatur geregelt wird. Im Inneren liegt der Kohlekorb. Er sorgt für ausreichend Abstand zum Kugelboden und so für eine gute Belüftung und Platz für herunterfallende Asche.

Mit der richtigen Lüfterstellung und guten Kohlebriketts ist der Apollo in der Lage, mit einer Kohlekorbfüllung für bis zu 20 Stunden eine Temperatur von 100 °C bis 110 °C zu halten.

Die untere Halbkugel mit leerem Kohlekorb und befüllt mit Briketts und Woodchips.

Durch die untere Tür können
Briketts und Räucherchips
nachgelegt werden.

Stacker mit Wasserwanne und Grillrost.

einer Durchführung in der Seitenwand lässt sich das Kabel eines Thermometers legen, um die Temperatur auf Höhe des Rosts zu messen.

Die Wasserwanne hängt also direkt über den Kohlen und schirmt die direkte Hitze ab. Da der Durchmesser der Wasserwanne etwas kleiner als der des Stackers ist, bleibt der heißen Luft nur dieser ringförmige Spalt, um an der Grill-innenseite emporzusteigen und so den Smoker gleichmäßig zu erhitzen. Da diese Pufferfunktion der Wasserwanne unerlässlich für eine stabile und niedrige Innenraumtemperatur ist, das Wasser aber verdampft, muss der Wasserstand ständig beobachtet und ggf. Wasser nachgefüllt werden. Anstatt mit Wasser kann die Wanne auch mit Sand oder Kies gefüllt werden. Dieser sollte allerdings vor dem Grillen gewaschen und mit Aluminiumfolie abgedeckt werden, um ihn vor herabtropfenden Flüssigkeiten zu schützen. Für die gewünschte Luftfeuchtigkeit sorgt dann eine wassergefüllte Schale oder Auflaufform, die auf der Kies- oder Sandfüllung steht.

Das nächste Bauteil ist ein sogenannter **Stacker**. Dieser Ring wird mit Überwurfschnallen an der Basiseinheit befestigt und beherbergt die Wasserwanne und den unteren Grillrost. Um Kohlen oder Räucherchips nachzufüllen, sind die Stacker mit je einer Tür ausgestattet. Mithilfe

Der Napoleon Appollo
komplett aufgebaut.

Gusseisen-Holzbackofen Häussler HABO 4/6

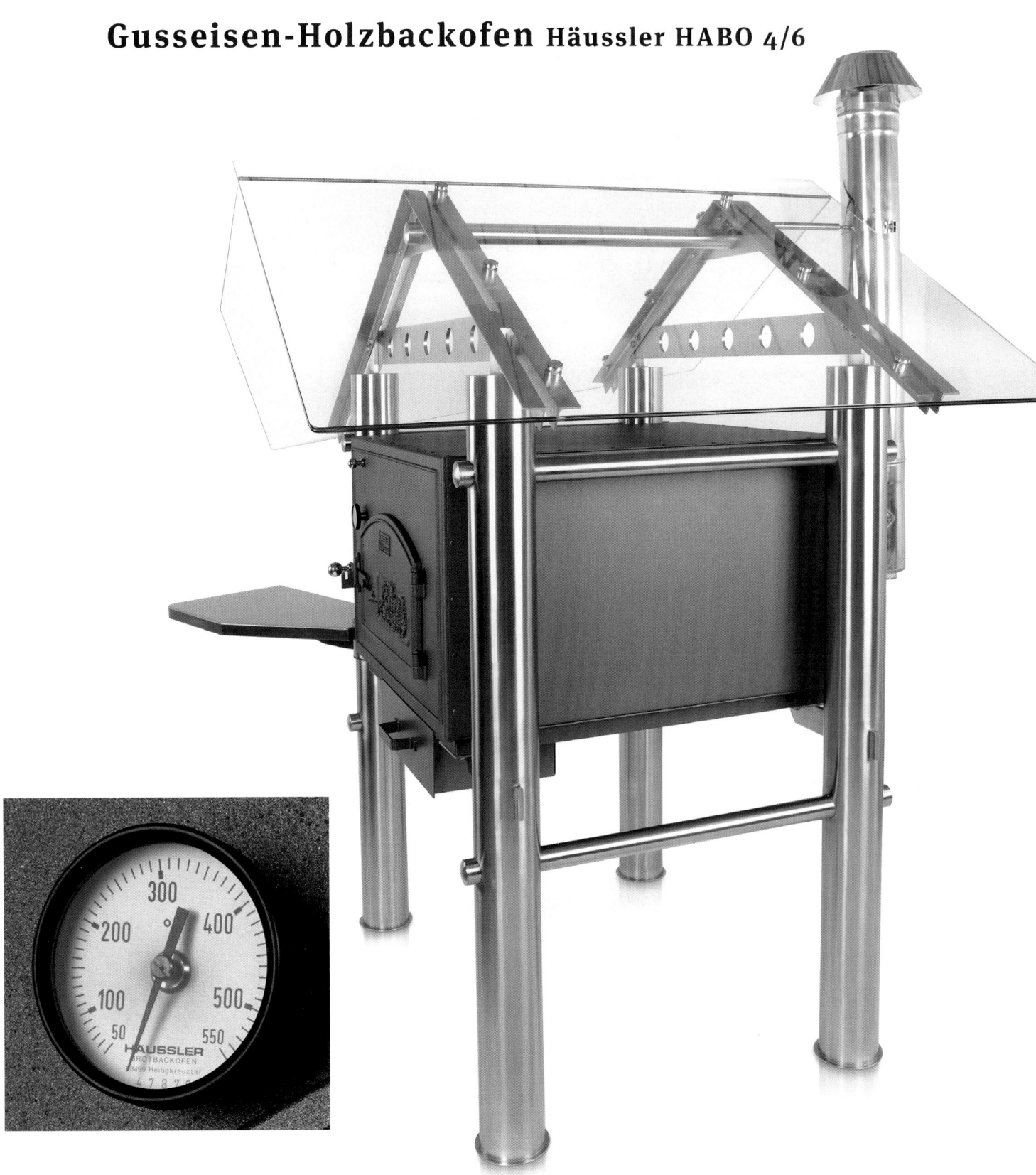

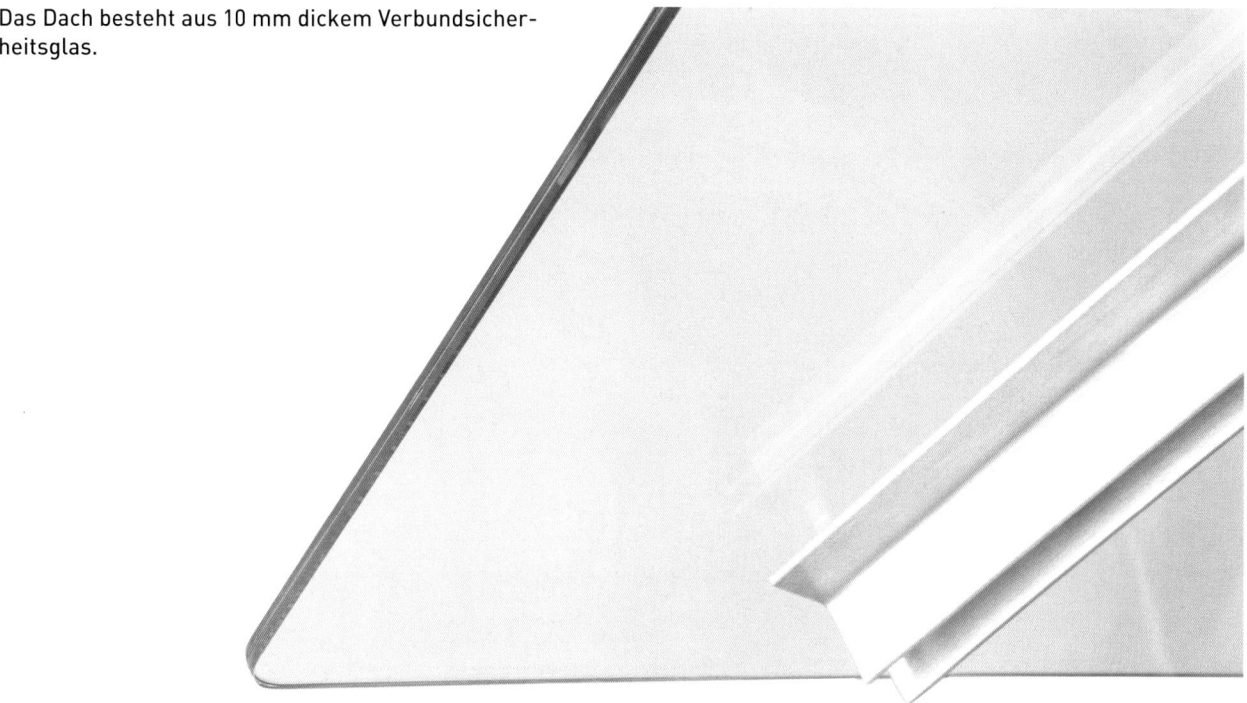

Das Dach besteht aus 10 mm dickem Verbundsicherheitsglas.

Wer kennt sie nicht, die alten gemauerten Holzbacköfen der Großeltern? Früher wurden sie überwiegend zum Brotbacken verwendet. In einem Holzbackofen sind die Möglichkeiten jedoch fast unbegrenzt: Pizzen, Flammkuchen, Brot, Kuchen, Plätzchen, Spanferkel, Grillspezialitäten, Braten, Aufläufe und vieles mehr lassen sich in diesen Geräten zaubern. Auch das Design wird heutigen Bedürfnissen angepasst. Die Serie des HABO 4/6 trägt zu Recht den Namen „Modern" und ist mit einem Edelstahlgestell und einem 1 cm starken Glasdach ausgestattet. In Holzbacköfen wird direkt im Backraum oder indirekt in einer separaten Befeuerungskammer befeuert oder gebacken.

Bei diesem direkt befeuerten Holzbackofen ist die Anfangshitze/Einschießtemperatur sehr hoch (ca. 320 °C). Die Backhitze fällt dann langsam und schonend ab. So hat der Ofen z. B. beim Backen eines Spanferkels nach 4 bis 5 Stunden immer noch ca. 180 °C Temperatur. Ein direkt befeuerter Ofen hat einen weiteren entscheidenden Vorteil: Nach dem Einlegen („einschießen" genannt) des Grill- oder Backguts braucht man sich während der gesamten Backzeit um nichts zu kümmern.

Die sieben Schwaben schmücken die massive Backofentür.

Ein indirekt befeuerter Ofen würde eine ständige Kontrolle der Temperatur und eventuelle Nachheizphasen erfordern. Beim Backen bilden sich auf der Oberfläche des Gebackenen Röst- und Geschmacksstoffe, die Feinschmecker besonders hoch schätzen.

Ist der Ofen erst einmal aufgeheizt, hält er aufgrund seiner hohen Hitzespeicherungsfähigkeit sehr lange eine hohe Temperatur. So backt man zuerst die Gerichte, die am meisten Hitze brauchen, wie z. B. Pizzen und Flammkuchen, dann Brote und Fleisch und danach Kuchen und Feingebäck. Die Restwärme eignet sich optimal zum Trocknen von Pilzen und Obst. Zum Aufheizen des Holzbackofens eignen sich sämtliche unbehandelten Holzarten von Reisig bis Scheitholz. Fichten-, Tannen oder Kiefernholz ist besonders geeignet. Diese Holzarten entwickeln durch das

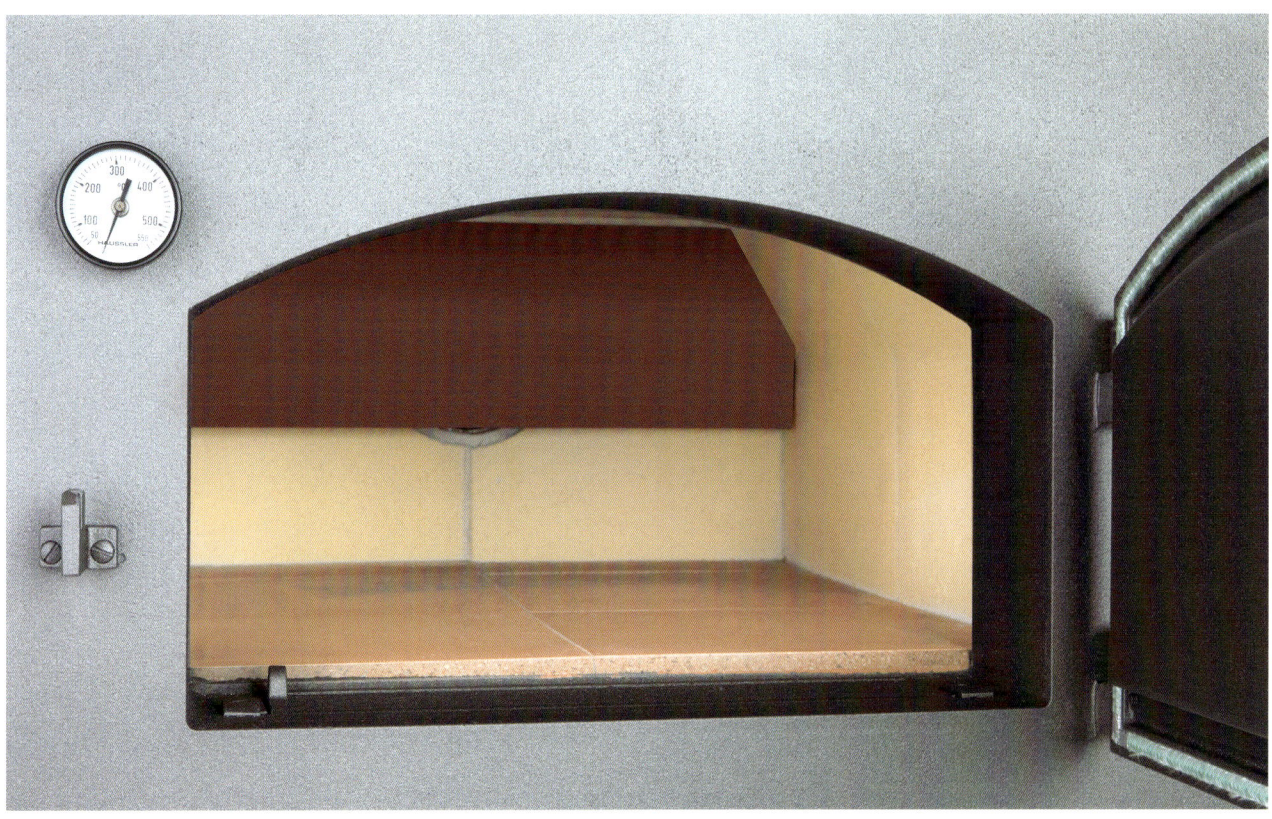

Die Brennkammer mit speziell gearbeiteten Schamottsteinen.

Harz ein besonderes Aroma und haben beim Abbrennen eine weiche Flamme. Buchenholz hat noch den Vorteil, dass es nicht sehr stark raucht.

Der Holzbedarf hängt von der Größe eines Ofens ab. Für lang anhaltende Hitze beträgt die Aufheizzeit mindestens 2 bis 2,5 Stunden.

Nachdem das Holz und die Glut abgebrannt sind, kehrt man die Aschereste aus dem Ofen. Nach dem Ausfegen sollte der Ofen noch ca. 1/4 Stunde abstehen, damit sich die Hitze gleichmäßig im Ofen verteilt. Hat der Ofen die gewünschte Temperatur erreicht, wird „eingeschossen". Nun wird das Backgut schonend bei abnehmender Speicherhitze gebacken.

Entscheidend für gute Back-Ergebnisse ist das Temperaturverhältnis von Ober- und Unterhitze. Der HABO beinhaltet eine extrem hitzebeständige Spezialisolierung und exakt aufeinander abgestimmte Schamottesteine: Decken- und Bodenplatten sowie die Seitensteine sind aus unterschiedlichen Materialien und Stärken ge-

Ein stabiles Stahlgestell trägt die schwere Gusseisenkammer.

fertigt. So speichern und geben sie die Backhitze genau im richtigen Verhältnis zueinander ab. Das Material der Steine wird aus verschiedenen, dafür prädestinierten Tongruben gewonnen. Die Steine werden ausschließlich aus naturbelassenen Rohstoffen hergestellt. Dabei wird feuerfeste Tonerde getrocknet, gemahlen und gebrannt. Dieses gebrannte Tonerdemehl wird wieder mit frischem, ungebranntem Ton und Wasser in einem exakten Mischungsverhältnis gemischt. Diese Mischung wird nun gepresst, danach luftgetrocknet und anschließend bei sehr hohen Temperaturen 48 Stunden lang gebrannt. Das sorgt für die gewünschte Porosität zur späteren Aufnahme der Feuchtigkeit des Backguts, die danach wieder an das Backgut abgegeben wird.

Besonders ist hier die Form der Kammer. Oft werden Holzbacköfen statisch bedingt wie ein Gewölbe gebaut, jedoch führt eine ungleiche Backraumhöhe zu ungleichen Back-Ergebnissen. Hier ist der Abstand der Backofendecke zum Backgut im gesamten Backraum exakt gleich. Die Strahlungshitze wirkt z. B. auf alle Brotlaibe gleichmäßig. Ein Umschieben ist hier nicht erforderlich. Das Reinigen bei Holzbacköfen erfolgt durch Ausbrennen (selbstreinigende Pyrolyse).

Holzbackofen Ramster Maxi

Eindrucksvoll wird hier die Größe einer Backkammer demonstriert. Ein ganzes Spanferkel, gefüllt mit Rosmarinkartoffeln, passt dort hinein.

Das Backen mit diesen Holzbacköfen ist eine sehr ursprüngliche Art der Nahrungszubereitung – Backen wie in alten Zeiten. Es kann darin gegrillt, gekocht, geschmort, gebacken, gratiniert und geräuchert werden. Das besondere Geschmackserlebnis, im Zeitalter industrieller Massenware immer mehr vermisst, wird durch das unvergleichliche Holzbackofenaroma erzielt.

Die Strahlungswärme der Steine, verbunden mit dem einzigartigen Geruch von Holzfeuer, verleiht dem Backgut einen außergewöhnlichen Geschmack, der in einem Ofen mit getrenntem Back- und Feuerraum nie erreicht werden kann. Die qualitativ hochwertige Verarbeitung des Stahlblechs in verzinkter Kassettenbauweise, gedämmt und verkleidet, mit einer Kapazität von ca. 12 Broten auf drei Ebenen, lässt den Maxi den vorderen Platz bei den großen Holzbacköfen einnehmen. Bei diesen Abmaßen überrascht auch ein Gewicht von ca. 500 kg nicht. Dieses Gerät wird überwiegend im gastronomischen Bereich eingesetzt und sein rollbares Gestell verleiht ihm unter den Holzbacköfen sogar eine gewisse Mobilität.

Die Funktionsweise und Bedienung des Holzbackofens ist einfach. Im Feuerraum wird dünn gespaltenes Holz entzündet, das den Ofen auf Temperatur bringt. Die so erzeugte Hitze backt die Gerichte sowohl mit der Strahlungswärme der Steine als auch mit der Hitze des sich im Feuerraum befindlichen Holzfeuers.

Backkammer mit 80 x 60 cm Fläche.

Man backt entweder kontinuierlich mit konstanter und schwacher Hitze, oder man heizt den Feuerraum auf, um bei abfallender Hitze z. B. Brot oder Fleisch fertigzustellen. Der natürliche, aromatische Geschmack der einzelnen Gerichte macht diesen Ofen unverwechselbar.

Der Maxi Holzbackofen ist in Bezug auf die Steuerung der Ofentemperatur einzigartig.

Obwohl bei diesem Ofen die Feuerstelle nur unterhalb der ersten Backebene liegt, haben sowohl die untere als auch die darüberliegende Backkammer nahezu identische Temperaturen. Dies wird durch unterschiedlichen Schamottesteindicken und die Schamotteoberhitze über der oberen Backfläche erzielt. Man kann in diesem Holzbackofen also dank seiner zwei übereinanderliegenden Backkammern bei gleicher Temperatur große Mengen in schnellem Durchlauf backen.

Des Weiteren ist in diesem Holzbackofen auch die Möglichkeit gegeben, gleichzeitig drei verschiedene Backtemperaturen zu erreichen. Dies ist gerade beim Brotbacken nützlich, da es ermöglicht, unterschiedliche Brotsorten gleichzeitig zu backen.

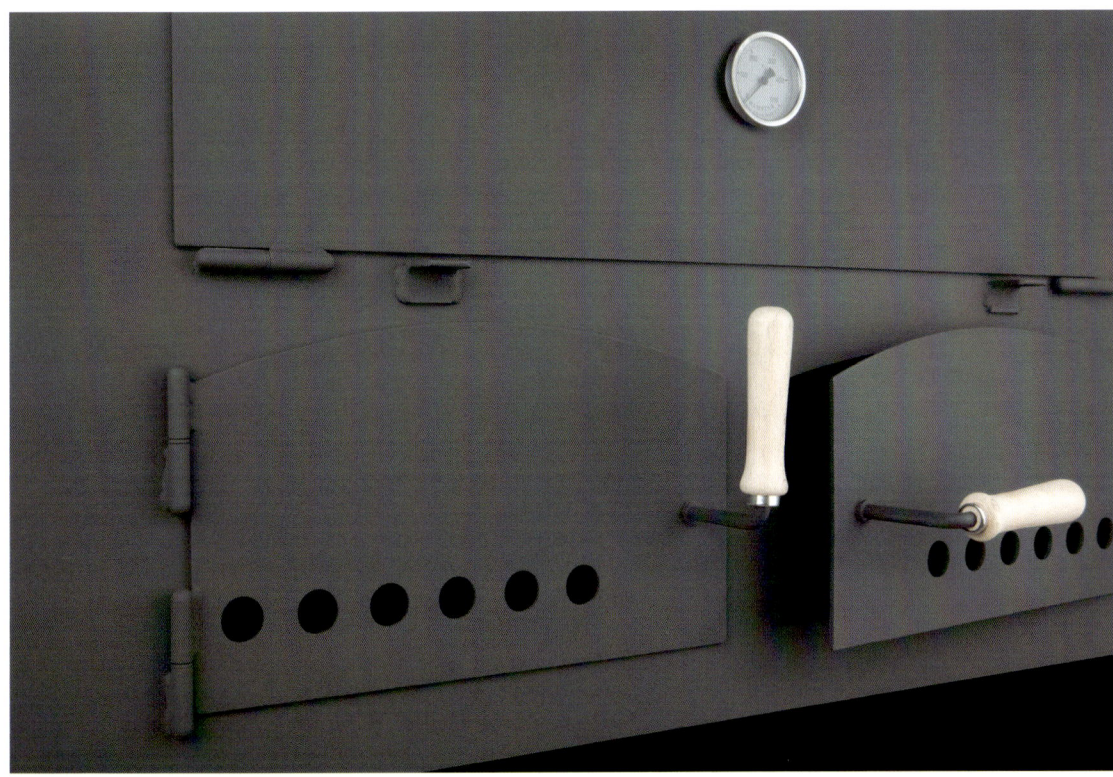

Die massiven Türen der
Feuerkammer.

Typisches Brotbacken
im Holzbackofen.

Brot kann sowohl mit der Restwärme der Steine und emporsteigender heißer Luft oder bei ausgeräumtem Feuerfach, wie zu Großmutters Zeiten, gebacken werden. Hier können allerdings auch beide Arten des Brotbackens gleichzeitig angewendet werden.

Auch folgende Kombination ist durch die zwei Kammern möglich: Im ersten Fach wird mit höherer Temperatur Fleisch gegart und im darüber liegenden Fach mit niedriger Temperatur Gemüse.

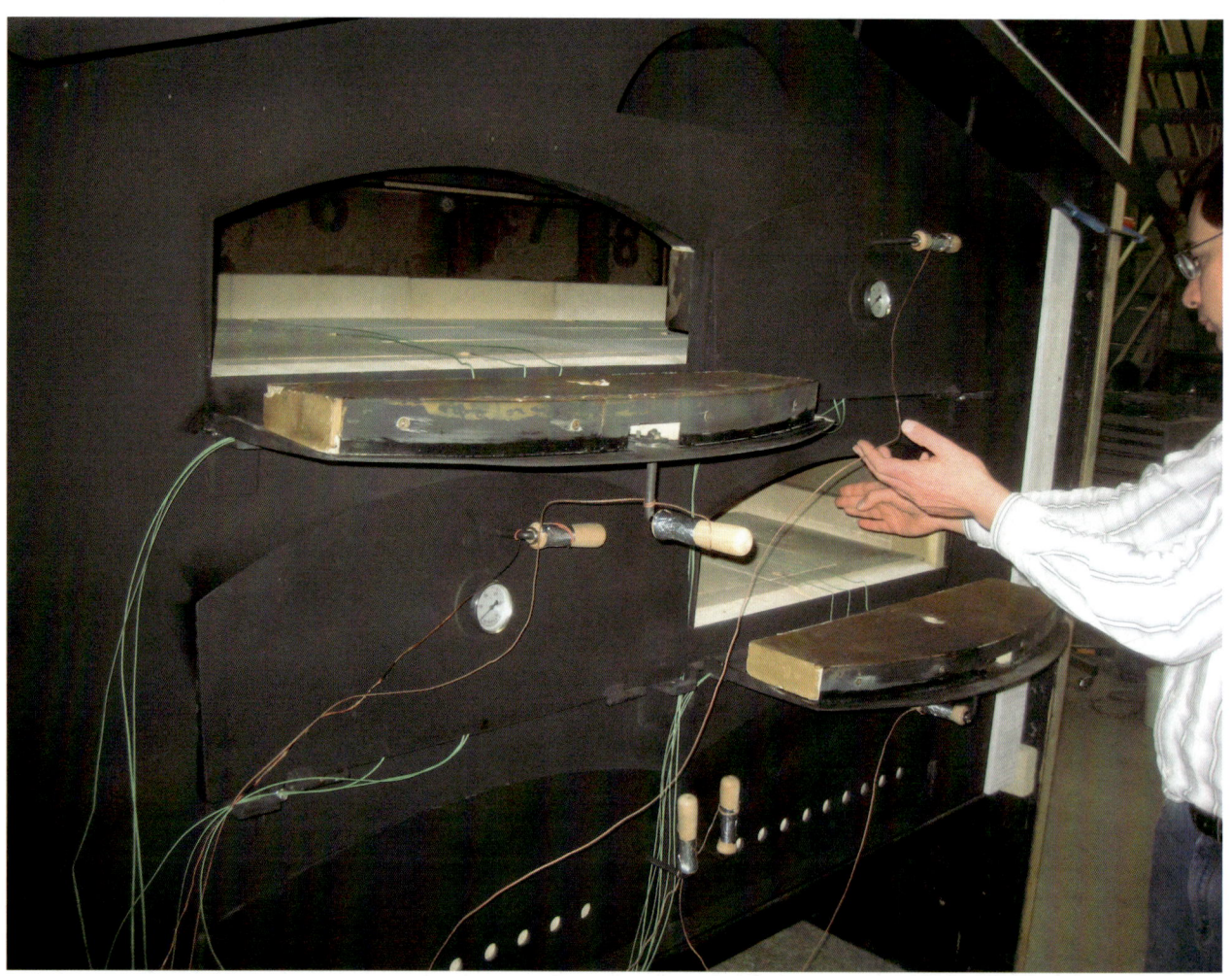

Messuntersuchungen im Fraunhofer Institut zur Bestätigung der quasi konstanten Temperaturen der Backkammern, die dieses Gerät einzigartig machen.

Für den privaten Bereich eignen sich kleinere

Holzbacköfen wie ein Le Grand, der auch optisch

jeden Garten zu einem Backdorf werden lässt.

Le Grand Holzbackofen

Die Exoten

Jede Kultur oder Region oder auch einfach die Leidenschaft zu einer Sache bringt ihre Eigenarten hervor. So gibt es auch in der Welt des BBQ und Grillens Exoten und Gerätschaften, die sich durch Bauart und Verwendung von der Masse abheben. Ihre Zahl ist groß und auf Fachmessen und Grillveranstaltungen sind immer wieder neue und zum Teil kuriose Grills und Zubehörteile zu sehen. So kann der ambitionierte Griller, selbst wenn er die üblichen Grills schon im Schlaf beherrscht, auf eine Vielzahl alternativer Geräte zurückgreifen und wieder frischen Wind in den Grillalltag bringen.

Dutch Oven

Drei-Liter-Dutch Oven mit den typischen Füßen.

Nicht unbedingt ein Grill, aber aus der Outdoorküche nicht wegzudenken und deshalb würdig, hier genannt zu werden, sind die Dutch Ovens.

Ein Dutch Oven ist ein gusseiserner Topf mit einem eingeschliffenen und somit passgenau und eng sitzenden Deckel. Er verdankt seinen

Namen einem speziellen Herstellungsverfahren, das Anfang des 18. Jahrhunderts in Holland entwickelt wurde. Der Engländer Abraham Darby meldete dieses Verfahren zum Patent an und begann die Produktion und den Export von derart produzierten Töpfen in die Kolonien. Da seine Ideen auf den holländischen Herstellungsweisen basierten, nannte man die Eisentöpfe von nun an „Dutch Oven".

Die Funktionsweise eines Dutch Ovens ist denkbar einfach. Kohlen werden unter den Topf und auf den Deckel gelegt und die Wärme wird an das Gusseisen abgegeben. Durch die dicken Wände und die gute Wärmeverteilung des Gusseisens entsteht quasi ein kleiner Backofen mit Ober- und Unterhitze, in dem sogar Kuchen und Brot gebacken werden können.

Es gibt grundsätzlich zwei Typen von Dutch Ovens. Zum einen gibt es die Camp- und Outdoor-Dutch-Ovens mit angegossenen Beinen oder einem Gestell, um sie über glühende Kohlen stellen zu können. Sie verfügen über einen flachen Deckel mit Rand, damit die Kohlen dort sicher liegen bleiben und beim Öffnen nicht ins Essen fallen können.

Großer Dutch Oven mit 15 Liter Fassungsvermögen.

Der hohe Deckelrand verhindert das Herunterfallen der Kohle.

Zum anderen gibt es die Dutch Ovens mit flachem Boden und normalem Deckel, die auf Herdplatten und im Backofen benutzt werden. Sie können zwar auch in die Glut gestellt werden, ein Oberhitzegaren mit Kohle ist aber wegen des fehlenden Randes nicht möglich. Deshalb werden sie in der Küche eingesetzt und spielen für die Outdoor-Küche keine Rolle.

Da die Outdoor-Variante der Dutch Ovens mit jeder Art von Hitzequellen betrieben werden kann, haben sie sich in den vergangenen Deka-den auf der ganzen Welt etabliert. Ob „Cocotte" in Frankreich, „Casserole dish" in England, „Potje" in Südafrika oder „Sac" in den baltischen Ländern – gemeint ist immer das Gleiche. Selbst in Australien hat der Dutch Oven unter dem Namen „Camp oven" Spuren hinterlassen.

Die schwarzen Alleskönner waren bei den Kolonisten und Siedlern wegen ihrer Vielseitigkeit und Haltbarkeit sehr beliebt. Sie können auch heute noch zu vielen verschiedenen Anlässen verwendet werden:

Barbecook-Gusseisenset in der Holzkiste mit Dutch Oven, Deckelheber, Pfannen und Gussplatte – eine komplette Outdoorküche.

Zum Kochen von Eintöpfen werden die Zutaten nur eingefüllt und unter gelegentlichem Rühren einfach fertiggegart. Anbrennen ist wegen der Hitzeverteilung und des geringen Flüssigkeitsverlusts durch den dichten Deckel fast ausgeschlossen. Mit etwas Fett lassen sich Fleischstücke für Gulasch oder Braten schnell anbraten, danach ablöschen oder angießen und je nach Verwendungszweck weiterverarbeiten. Selbst das Frittieren in heißem Öl ist möglich, vorausgesetzt, es wird mittels Kohle die erforderliche Hitze erreicht. Verteilt man etwas Mehl oder Butter am Boden des Dutch Ovens, können ohne Probleme Brot und Brötchen, Kuchen und alle denkbaren Backwaren darin ausgebacken werden. Diese vielfältigen Anwendungsmöglichkeiten machten die Dutch Ovens unentbehrlich und so wertvoll, dass sie oft sogar per Testament nach dem Tod weitergegeben wurden.

Schwenkgrill

Libatherm Schwenker mit LED
Beleuchtung und Aschekasten
unter der Feuerschale.

„GOTT LENKT, DER SAARLÄNDER SCHWENKT"

So lautet ein saarländisches Sprichwort.

Mit dem Wort „Schwenker" verbindet der Saarländer drei Bedeutungen. Eine davon ist der Schwenkbraten, ein eingelegtes Schweinehalssteak, eine weitere ist der Griller selbst und die dritte bezeichnet den Schwenkgrill, der im Saarland seine Wurzeln hat.

Also schwenkt der Schwenker (die Person) am Schwenker (dem Grill) Schwenker (das Fleisch).

Das Prinzip des Schwenkens ist einfach:

Der Grillrost ist nicht fixiert wie bei den meisten anderen Grills, sondern kreist an Halteketten aufgehängt über einer Hitzequelle. Diese besteht entweder aus Holzkohle oder traditionell aus einem Buchefeuer und ist in ihrer Hitzeabstrahlung kaum bis gar nicht regelbar. Deshalb ist es wichtig, dass der Schwenkerrost ständig in Bewegung bleibt. Das Fleisch würde sonst direkt über den offenen Flammen liegen, schnell verbrennen und ungenießbar werden. Für einen

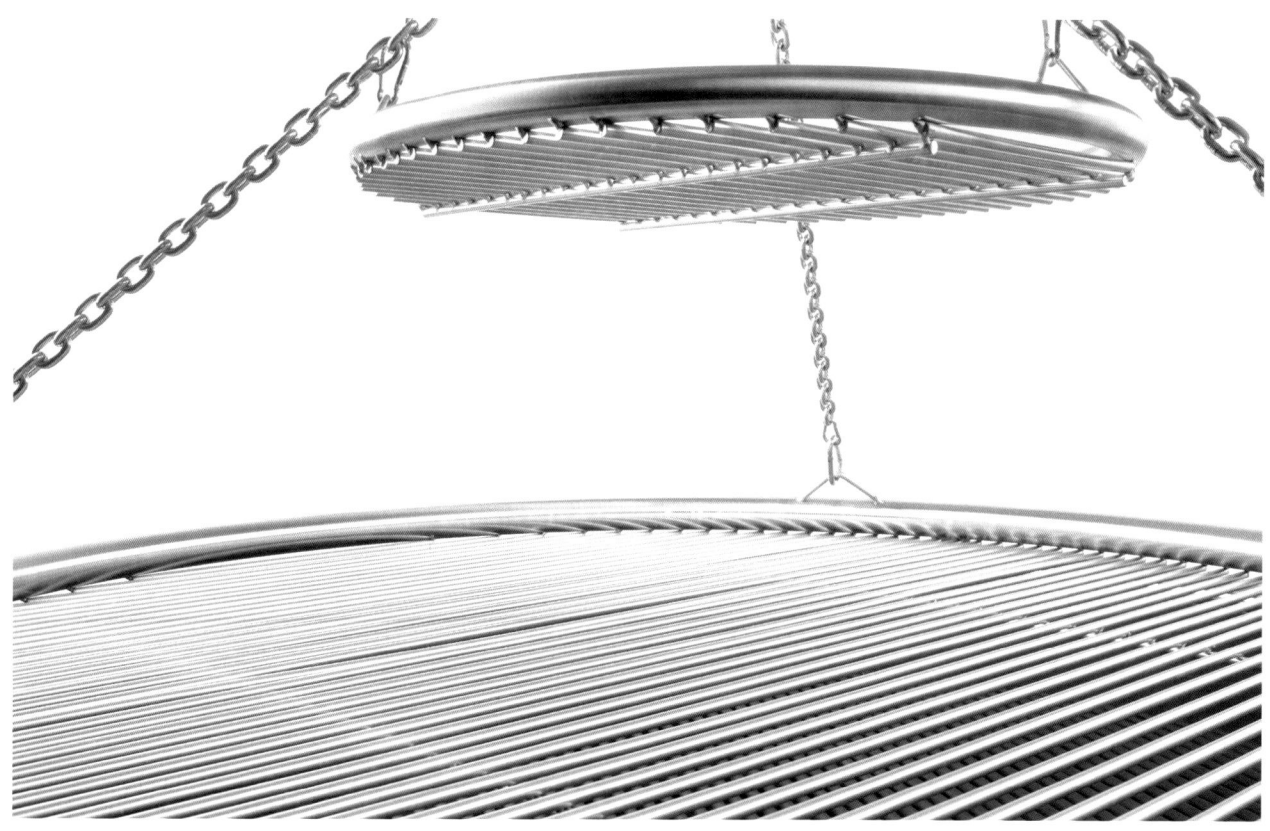

Grillrost aus Edelstahl mit 8 mm Durchmesser, blank gezogen.

Gegen ein Verdrehen der Kette hilft ein kugelgelagerter Drehwirbel.

Schwenkgrill-Liebhaber muss das Schwenksteak zwar „durch die Flamme gehen" um seinen typischen Geschmack zu erhalten, aber es soll natürlich nicht schwarz werden oder gar verkohlen. Zusätzlich ist es möglich, den Garvorgang mit dem üblicherweise höhenverstellbaren Schwenkrost zu beeinflussen, indem man mehr oder weniger Abstand zum Feuer hält. Dazu sind die Halteketten oft über einen Drehwirbel mit einer einzelnen Kette oder einem Drahtseil verbunden, das über eine Rolle in der Spitze eines Dreibeins oder Galgens läuft. So lässt sich mit einer Kurbel oder einem Haken der Schwenkrost in der Höhe verstellen.

Angenehmer Nebeneffekt der Arbeiten am Schwenkgrill wie Schwenken und Holznachlegen ist, dass sich immer einige Mitgriller ums Feuer versammeln und man in Ruhe fachsimpeln kann. Diese Kombination von Feuer, Fleisch und Freunden macht das Schwenken zu einem kommunikativen und durchaus abendfüllenden Grill-Event, das warme Sommerabende noch schöner macht.

Schwenkgrills stehen üblicherweise draußen

Libatherm Schwenker für den
privaten Gebrauch.

und sollten deshalb unverwüstlich sein. Darum hat sich der deutsche Hersteller Libatherm entschieden, extrem haltbare Schwenkgrills für den privaten als auch gewerblichen Bereich aus Edelstahl zu fertigen.

Der verwendete Edelstahl 1.4571 enthält einen sehr hohen Anteil an Titan, dem gleichen Material, das in verschiedenen Legierungen in der Raum- und Seefahrt sowie der Medizintechnik eingesetzt wird. Das verleiht diesem Stahl seine Langlebigkeit und Härte. Warum also sollte man diese Eigenschaften nicht auch in einer praktischen Anwendung nutzen, die zum täglichen Leben gehört und lebenslang begleiten kann?

Das nach dem Schweißen angewandte Glasperlenstrahlen als Finish verleiht der Oberfläche eine absolut homogene Struktur und gibt dem Material ein edles Erscheinungsbild. Die komplette, fest mit der Feuerschale verschweißte Reling gibt nicht nur dem Grillenden, Kindern und Tieren einen Sicherheitsabstand, sondern bietet auch die Möglichkeit, die Feuerschale im heißen Zustand zu versetzen. Außerdem ist sie bestens dazu geeignet, die Füße darauf abzule-

gen und zu wärmen, während in der Feuerschale ein Kohle- oder Holzfeuer abbrennt. Durch die erste untere Biegung im Grillgalgen erhält der Schwenkgrill zurecht seinen Namen. Der schwere Grillrost lässt sich mit Schwung kreisrund und zu allen Seiten schwenken, ohne mit dem Galgenrohr zu kollidieren.

Der Grillgalgen ist nach oben aus seiner am Standfuß der Feuerschale angeschweißten Steckverbindung leicht herausnehmbar. Dadurch ergibt sich auch die Möglichkeit, nach dem Grillen die Feuerschale weiterzubenutzen. Der Grillgalgen lässt sich zur Seite schwenken. Durch eine montierte Seilwinde aus Edelstahl verstellt man den Abstand des Grillrosts zum Feuer. Die Feuerschalen werden aus mindestens 6 mm starken Stahlplatten gefertigt und unterscheiden diese Schwenker eindeutig von preislich günstigeren. Diese Schwenker kommen vor allem in der gewerblichen und der Reisegastronomie zum Einsatz. Der besondere Clou ist der beleuchtete Edelstahlmantel.

Der Schwenker schwenkt Schwenker ...

Tepanyaki Gastrogrill

Teppanyaki (jap. 鉄板焼き), auf Stahlplatten zubereitete Gerichte der japanischen Küche.

BOHNER HOCHLEISTUNGSGRILL-PLATTEN

Das Grillen auf Edelstahlplatten ist in Europa noch weitgehend unbekannt und findet zunehmend u. a. in der Spitzengastronomie eine zu Recht immer größere Fangemeinde. In Japan sind die heißen Edelstahlplatten traditionell in vielen Haushalten verbreitet. Gerichte wie das Okonomiyaki (okonomi = vielfältiger Geschmack, yaki = gegrillt oder gebraten), die aus den Grundzutaten Wasser, Mehl, Ei, Kohl und Fischsud bestehen und nach Belieben mit Fleisch, Fisch, Gemüse oder Käse gebraten werden, sind in vielen Regionen Japans allgegenwärtig. Die Zutaten werden in einer Schüssel gemischt und dann auf den gefetteten Teppan gekippt und durchgebraten und ähneln dann etwa einem Eierkuchen. Dieser wird schwungvoll mit einem Spachtel zerteilt, gewürzt und verteilt. Durch die variable Zutatenliste wird dieses Gericht, obwohl es der Pizza optisch nicht ähnelt, auch **japanische Pizza** genannt.

Typisches japanisches Restaurant mit im Esstisch eingelassener Platte.

Oft sind die Platten, die es in unterschiedlichen Größen gibt, direkt in den Esstisch eingelassen. So unspektakulär ein solcher Grill auch aussehen mag, die Vorteile liegen auf der Hand: Pfannen werden nicht mehr benötigt und müssen folglich auch nicht gereinigt werden.

Das Anbrennen der Speisen gehört der Vergangenheit an. Der Oberflächenaufbau der Stahlplatte verhindert dies äußerst effektiv. Ein gebratenes Ei kann auf einer Platte sehr lange liegen, ohne schwarz zu werden. Durch die unterschiedlichen Hitzezonen können verschiedene Temperaturzonen gradgenau eingestellt werden. Der Hitzespeicher ist enorm. Das erklärt

Teppanyaki - flambieren - INTERNORGA

auch das Gewicht der Platten, die 100 kg wiegen können. Gerade die spezielle hart verchromte Oberflächenbeschichtung der Grillflächen mit Wärmespeichertechnik sparen sogar, je nach Einsatzbereich, bis zu 80 % Energiekosten. Die Platten heizen zügig auf und haben je nach

Modell eine Leistungsaufnahme von 4 kW bis 14 kW. Im Vergleich zum Holzkohlegrill ist die über Drehregler einzustellende Temperatur dann über Stunden stabil – das ist nicht nur für größere Mengen Fleischstücke ideal.

Teppanyaki Herdblock im Restaurant Ochsen, Berkh

Man kann auf einem solchen Grill problemlos unterschiedliches Grillgut, egal ob Fisch, Fleisch, Gemüse oder Beilagen, nebeneinander grillen, ohne eine Geschmacksübertragung festzustellen. Gerade beim Fischgrillen ist ein Festkleben der Lebensmittel ausgeschlossen.

Der Fisch brät hier gleichmäßig und bleibt zart. Ein Absinken der eingestellten Temperatur auf die gesamte Fläche, auch bei voller Bestückung, ist nicht zu befürchten.

Das Handling auf solch großen Grillplatten und der riesige Aktionsradius verschafften eine

Teppanyaki Gastroküche von Tim Mälzer im
Restaurant Bullerei, Hamburg

ungewohnt lockere Arbeitsweise. Die Rauchentwicklung ist bei diesen Geräten kaum wahr-
nehmbar und der Verbrauch von Speiseöl auf
ein Minimum reduziert. Hauchdünnes Aufsprü-

hen mit einer Sprühflasche reicht völlig aus und
die Reinigung geht mit Wasser und Spezial-
schwamm schnell von der Hand.

Spießgrill

Das Hauptmerkmal eines Spießgrills ist, dass die entstehenden Bratensäfte ständig um das sich drehende Grillgut laufen. So bleibt es saftig und intensiviert seinen Geschmack. Ist der Spieß erst einmal bestückt und in seiner Drehposition eingehängt, läuft der Rest von ganz allein. Das Fleisch und das viele Grillgut, das auf einem Spieß Platz findet, machen diese Grills zum idealen Partybegleiter. Während sich der Spieß dreht, kann man sich mit den Gästen beschäftigen und muss nicht die ganze Zeit am Grill stehen. Außerdem sind Spießbraten oder Hähnchen vom Spieß beliebte Grillgerichte.

Gusseisen, Edelstahl und Feuer auf der einen Seite, durchdachte Technik und praktische Details auf der anderen: Der Banika von Barbecook vereint alles zu einem funktionalen und dabei rustikal-urtümlichen reinen Spießgrill, der auch als Terrassenkamin genutzt werden kann.

Das Gehäuse ist aus schwerem Gusseisen gefertigt, das einerseits sehr langlebig ist, andererseits die erzeugte Hitze über lange Zeit speichern

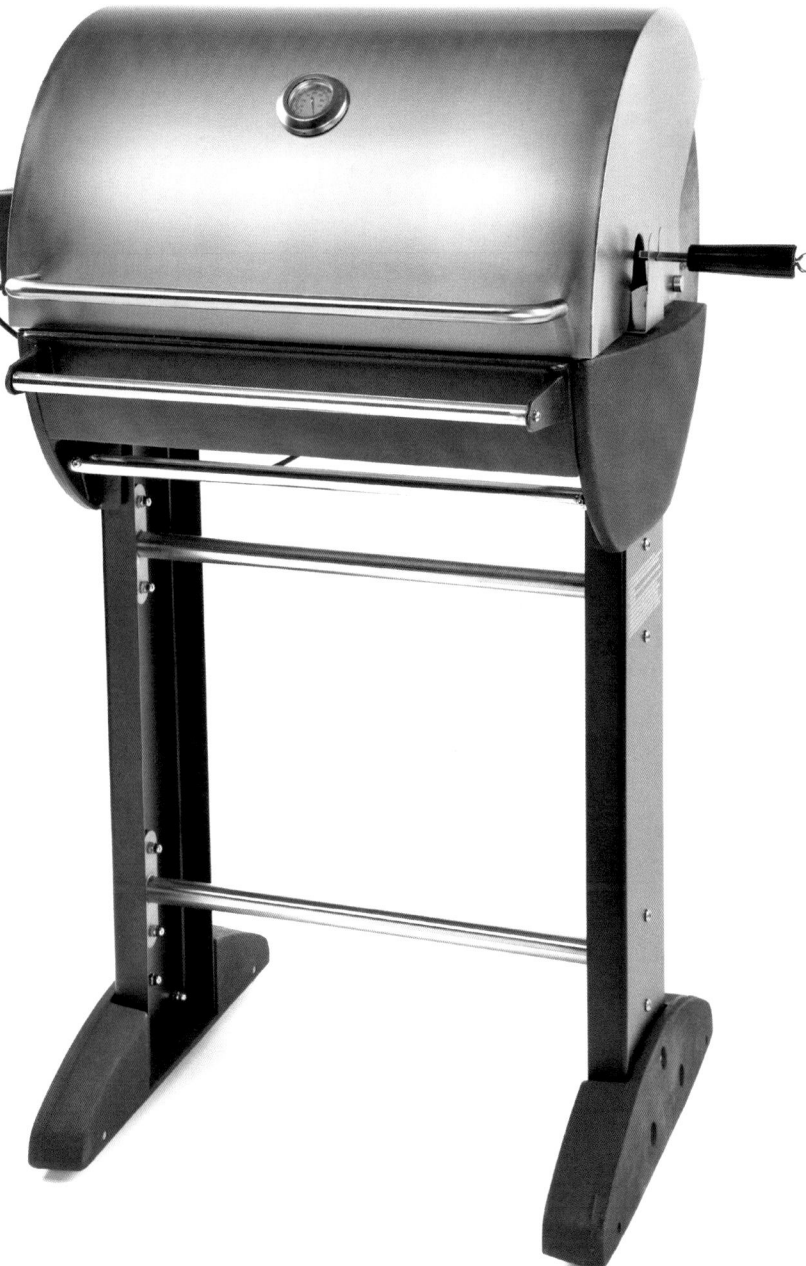

Verschiebbare Spießaufhängung mit drehbarem Grill-korb

kann und dem Grill ein massives und schweres Erscheinungsbild verleiht. Der Deckel aus doppelwandigem Edelstahl, mit Griffreling und Deckelthermometer versehen, lässt sich über einen vorgelagerten Drehpunkt nach hinten rollen und gibt den Blick in den Garraum frei. Gleichzeitig dient er in dieser Stellung als Reflektor für die Hitzeabstrahlung bei der Terrassenbeheizung. Der Innenraum wird in erster Linie durch den Drehspieß geprägt, der horizontal in Motor und Lager aufgehängt wird. Wie bei den meisten Spießgrills wird auch hier der Spieß durch einen Elektromotor angetrieben. Einer eventuellen Unwucht, die durch schweres Grillgut entsteht, kann mit Gewichten entgegengewirkt werden, wenn man sie dem Spießschwerpunkt entgegengesetzt anbringt. Dazu wird der Spieß locker in die Lager gelegt und ausgependelt. Der Schwerpunkt befindet sich jetzt unten. Das Ausgleichsgewicht wird nun einfach senkrecht nach oben gedreht. Damit ist der Spieß samt Bestückung ausgewuchtet. Diese Methode ist für diese Art des Grillens nicht zwingend nötig, ent-

Blick in die herausnehmbare Fettwanne.

lastet aber den Motor und gewährleistet einen ruhigen Lauf.

Neben den klassischen Halteklammern für Spießbraten oder Geflügel, die auf den Vierkantspieß geschoben und verschraubt werden, lässt sich auch ein spezieller, rechteckiger Korb darauf befestigen. Dieser ist in der Dicke verstellbar. So ist man sogar in der Lage, für einen Spießgrill

verhältnismäßig kleine Teile wie Fische, Steaks, Gemüse oder Würstchen zu grillen. Der Korb dreht sich mit dem Spieß und das Grillgut wird gleichmäßig von allen Seiten gegart.

Der entstehende Bratensaft tropft dann beim Grillen in eine darunterliegende herausnehmbare Fettwanne, die in einen kugelgelagerten Rahmen eingehängt wird. Rahmen, Fettwanne,

Der Banika mit Drehspieß.

Spieß, Motor und Spießlager bilden also eine Einheit und können bei zu hoher Hitzeentwicklung, beim Nachlegen von Brennstoff oder beim Einpinseln des Grillguts von der Hitzequelle weggezogen werden.

Befeuert wird der Banika, wie viele seiner „Kollegen", mit Holzkohle, Holz oder beidem, indem man es in den vertikalen Korb an der Geräterückseite füllt und zündet. Da sich bei Spießgrills das Feuer nicht unter, sondern hinter dem Spieß befindet, gibt es keinen direkten Kontakt zwischen Feuer und Speisen. Fettbrand ist also ausgeschlossen. Es wird ausschließlich mit reiner Strahlungshitze aus Infrarotstrahlung gearbeitet. Das ist Grillen in seiner ursprünglichsten Form mit leichtem Rauchgeschmack.

Für die anfallende Asche ist direkt unter dem Kohlekorb eine Ascheschublade eingesetzt, die sich leicht aushängen und entleeren lässt. Durch sie und die Fettauffangschale hinterlässt der Banika keine Spuren auf Terrassensteinen oder -dielen und kann seiner Zweitfunktion als Heizgerät gerecht werden.

Tipps und Tricks

Trotz oder vielleicht gerade wegen der unüberschaubaren Vielfalt an Grills und Grillzubehör gibt es immer noch kleine Verbesserungen und Ideen, mit denen das Grillen etwas einfacher und bequemer wird. Viele Zubehörartikel und Verbesserungen an Grills sind gerade durch solche Kniffe entstanden und irgendwann in Serienproduktion gegangen, einige sind aber immer noch der Kreativität der Griller selbst überlassen. So entwickeln sich immer wieder neue Ideen, die fantasievoll und praktisch umgesetzt werden können.

Die Kohlendose

Kohlebriketts lassen sich erfahrungsgemäß in einem Anzündkamin zum Glühen bringen. Um einen solchen Kamin sinnvoll zu betreiben, ist allerdings eine gewisse Menge von Kohle vonnöten. Was aber, wenn nur wenig Kohle gebraucht wird? Die Gründe dafür können der Gebrauch eines Dutch Oven, die Minionmethode oder einfaches Nachlegen von glühenden Kohlen sein. Die Briketts fallen im fast leeren Kamin durch den kegelförmigen Rost zur Außenseite und können nicht gleichmäßig entzündet werden.

Abhilfe schafft hier eine einfache leere Konservendose aus Blech. Der Boden wird ebenso entfernt wie der Deckel und dieses „Rohr" wird mittig auf den Kohlerost des Kamins gestellt. Mit der Größe der Dose kann man gut die Menge der zu entzündenden Kohlen bestimmen. Nach dem Durchglühen lässt sie sich einfach mit einer Kohlezange aus dem Kamin ziehen. Die glühende Kohle kann dann in den Grill geschüttet oder mit der Zange auch einzeln entnommen werden.

Korkenthermometer

Deckelthermometer sind zum Ablesen der Garraumtemperatur gemacht, und dafür eignen sie sich auch hervorragend. Der Nachteil ist, dass der Grillmeister immer zum Grill gehen muss, um die aktuelle Temperatur abzulesen. Bei einem Gasgrill ist das nicht so kritisch. Ist er einmal eingestellt, hält er die Temperatur zuverlässig. Kohle brennt aber runter und so fällt zwangsläufig auch die Temperaturkurve nach einiger Zeit ab. Der Grill sollte also ständig kontrolliert werden. Am bequemsten geht das mit einem Funkthermometer. Man kann drinnen oder am Terrassentisch sitzen und von dort aus die Grilltemperatur im Auge behalten.

Am einfachsten am Grill fixieren lässt sich die Thermometersonde mit einem Korken in einer der Deckelventilöffnungen. Der Korken wird z. B. mit einem Metallspieß der Länge nach vorgebohrt, die Sonde durch das Loch geführt und das Ganze in die Ventilöffnung gesteckt.

Jetzt kann der Grill bequem vom Lieblingsplatz aus kontrolliert werden.

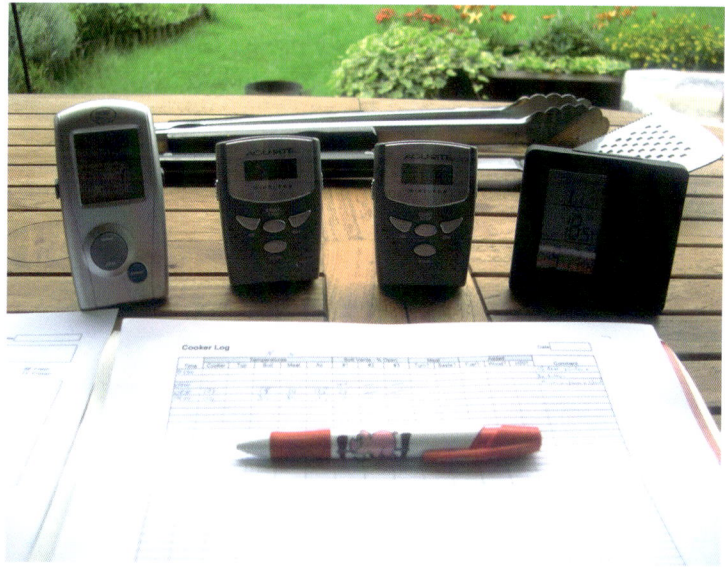

Minion-Methode

Diese spezielle Methode der Kohleverbrennung, benannt nach ihrem Erfinder Jim Minion, macht es möglich, in Wasser-Smokern mit einer Kohlebeladung bis zu 20 Stunden am Stück zu barbequen, ohne nachzulegen. Diese extrem lange Zeit und eine niedrige Temperatur sind für BBQ-Spezialitäten wie Pulled Pork oder Beef Brisket erforderlich. Damit man nicht 20 Stunden lang am Grill stehen muss, wird hier gern auf die Minion-Methode zurückgegriffen.

Der Kohlekorb des Smokers wird dazu mit kalten Briketts gefüllt, in der Mitte wird ein Loch ausgespart. Das lässt sich gut mit einer Dose ohne Boden (oder einem Rohr) bewerkstelligen, die erst mit glühenden Kohlen befüllt und dann einfach aus dem Haufen gezogen wird. Die Glut wird sich mit wenig Sauerstoffzufuhr langsam durch den ganzen Kohlekorb fressen und so eine konstante Temperatur halten. Für die wenigen glühenden Kohlen, die man hier braucht, kann man die „Kohledose" gut verwenden.

Spiritusbrenner

Wie kann man rauchfrei Kohle anzünden? Mit der richtigen Technik ist das kein Problem. Zutaten für dieses Rezept sind:

- ein Anzündkamin
- gute Kohlebriketts
- ein Camping-Spirituskocher

Da die ersten beiden schon allein eine gute Kombination bieten, liegt das Rauchfrei-Geheimnis also beim Spirituskocher. Diese Brenner sind zum Kochen in der Wildnis oder beim Camping konzipiert und entwickeln große Hitze. Groß genug, um Wasser oder Suppen zum Kochen zu bringen oder den Einsatz von Bratpfannen zu ermöglichen. Diese große Hitze wird bei diesem praktischen Trick genutzt, um die entstehenden

Abgase der zündenden Kohlen gleich mit zu verbrennen. Ergebnis ist ein nahezu rauchfreier Anzündvorgang der Grillkohle und auch eine preisliche Alternative zu Anzündwürfeln.

Das ist auch der einzige Grund, Spiritus in Verbindung mit Grillen zu bringen, denn **Spiritus hat ansonsten am und im Grill nichts verloren.**

Smoker im Eigenbau

Die Faszination für Grills hört nicht an der Ladentheke auf. Viele aktive Griller bauen sich ihre Schmuckstücke selbst. Besonders einfallsreich ist der Besitzer eines U-Boot-Smokers, der hier seine Geschichte erzählt:

„Ich spielte schon längere Zeit mit dem Gedanken, einen Smoker selbst zu bauen, und verfolgte entsprechende Eigenbauberichte im Internet im Forum des Grillsportvereins.

2007/2008 fand ein größerer Tank Verwendung, der als ‚U-Boot' bezeichnet wurde. Da fiel mir ein, dass mein Vater vor Jahren einen ähnlichen Tank auf dem Hof deponiert hatte.

Für die damals geplante Verwendung als Pufferspeicher innerhalb eines Holzheizungssystems war der Tank aufgrund des Längen-Durchmesser-Verhältnisses (3,5:0,8 m) ungeeignet und wurde daher nicht eingesetzt. Da er auch zukünftig keine Verwendung auf dem Hof finden sollte, konnte ich darüber verfügen und mit der Planung beginnen.

Um das Thema ‚U-Boot' ohne Einbußen in Flexibilität und Funktionalität optisch umzusetzen, ordnete ich die Feuerbox mittig an und flan-

kierte sie mit zwei unterschiedlich großen Garkammern. Um eine gleichmäßige Wärmeverteilung innerhalb der Garräume zu erreichen und die Garkammerschornsteine nahe der Feuerbox platzieren zu können, drängte sich das sogenannte Reverse-flow-system auf.

243

Bei diesem System verlässt das heiße Rauchgas die Feuerbox seitlich durch Öffnungen innerhalb der Trennwände. Es strömt in den unteren Hälften der Garkammern nach außen, steigt auf, strömt im oberen Bereich der Garkammern in Richtung Tankmitte zurück und ‚umspült‘ das Grillgut, bevor es die Abzugsschornsteine erreicht.

Der Tank wurde im Januar 2009 ‚gehoben‘, geöffnet und ca. 6 bis 8 Wochen durchgelüftet, um das Restgas entweichen zu lassen. Beim eigentlichen Bau des Grills (Beginn März 2009) habe ich mich an anderen Smokern orientiert, die Maße entsprechend umgerechnet und mich nach günstigem Material umgesehen.

Auch bei den Bauteildetails versuchte ich die Thematik ‚Boot und Wasser‘ aufzugreifen und im angemessenen Maßstab (geschätzt 1:10) umzusetzen.

Nachfolgend ein paar Erfahrungen, die ich innerhalb der Bauphase gemacht habe, und Tipps zum Bau des Smokers:

ZEITMANAGEMENT

Man sollte vorher sowohl die Gesamtdauer als auch das Tagespensum berechnen, das man für das Projekt veranschlagt.

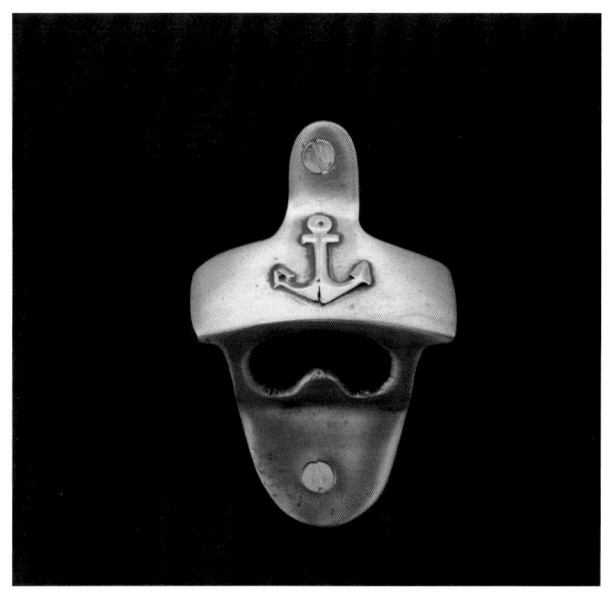

MATERIAL

Variieren Sie die Maße, um das Material optimal auszunutzen. Die Verwendung von Normteilen bietet gegenüber Sondermaterialien eventuell Sparmöglichkeiten (z. B. normales Wasserleitungsrohr statt Präzisionsrohr). Auch auf dem Schrottplatz kann man gutes Material zu günstigen Preisen finden.

ARBEITSPLANUNG

Der Montage/Bauablauf sollte so organisiert sein, dass man insbesondere große und schwere Bauteile möglichst selten demontieren oder bewegen muss.

Bis zur Fertigstellung (Ende 2009) verbrachte ich geschätzte 300 Stunden auf dem Hof meines Bruders."

Der Grillsportverein im Internet

Rudolf Jaeger ist Manager des Grillsportvereins, Karsten Ted Aschenbrandt der Teamchef des Vereins (**www.grillsportverein.de**). Seit über 12 Jahren sammelt und sichtet der Gründer Elmar Hör alles, was er zum Thema Grillen in die Finger bekommt.

Der Grillsportverein ist heute die größte deutschsprachige Grillseite und Referenz zum Grillen im Internet, die über alles Denkbare rund um das Thema informiert:

- **Grill-Eigenbau:**

  Vom gemauerten Grill über den Bierfassgrill bis hin zum 500-Kilo-Smoker

- **Grilltests:**

  Gas oder Kohle, welches Modell soll ich mir kaufen?

- **Grillrezepte:**

  Über 5.000 Grillrezepte in der Datenbank, 10.000 weitere mit Bildern im Forum

- **Grillmethoden:**

  Direkt oder indirekt, grillen oder barbecuen?

- **Fleischqualität und Zuschnitte:**

Wie sag ich's meinem Metzger?

- **Grillgewürze und Zutaten:**

  Es muss nicht immer Fertigmarinade aus dem Supermarkt sein.

- **FAQ-Sektion:**

  Alle Fragen zum Thema Grillen, Smoken, Dutch Oven und vieles mehr werden hier beantwortet.

- **Wissensdatenbank:**

  Alles, was woanders nicht erklärt wurde, ist hier verständlich illustriert.

Die Community des Grillsportvereins wächst ständig, und viele Tausend User tauschen sich täglich über alle Aspekte der Outdoor-Zubereitung von Nahrungsmitteln aus. In über 500.000 Beiträgen sammelt sich die geballte Grillkompe-

tenz des deutschsprachigen Internets.

Index

Z

Bildnachweis

Kapitel 1: GSV, Napoleon (Infrarotbrenner), Weber, Outdoorchef

Kapitel 2: Weber, GSV

Kapitel 3: GSV, Weber, Hajatec

Kapitel 4: Hajatec, GSV, Weber

Kapitel 5: Barbecook, Napoleon, GSV, Weber

Kapitel 6: GSV, Thosa Trade

Kapitel 7: Weber, Thosa Trade, Outdoorchef

Kapitel 8: Weber, GSV, Outdoorchef, Napoleon, Hajatec, Barbecook, Cobb

Kapitel 9: Big Green Egg

Kapitel 10: Cobb, Weber, Napoleon

Kapitel 11: Barbecook

Kapitel 12: GSV, Farmer Grill, Napoleon, Ramster

Kapitel 13: GSV, Barbecook, Bohner

Kapitel 14: GSV

Kapitel 15: GSV